AF534524

30 x 45 MINUTEN

Nina Wilkening

DaZ

Niveaustufe A1–A2

Fertige Stundenbilder für Highlights zwischendurch

Klasse 5–10

Verlag an der Ruhr

Impressum

Titel
30x45 Minuten DaZ – A1–A2
Fertige Stundenbilder für Highlights zwischendurch
Klasse 5–10

Autorin
Nina Wilkening

Titelbildmotiv und Kapiteldeckblätter
Sprechblasen: © Shiffarigum – stock.adobe.com

Illustrationen
Uhr-Icon: © Verlag an der Ruhr; ansonsten siehe Copyrighthinweise

Druck
Heenemann GmbH & Co. KG, Berlin, DE

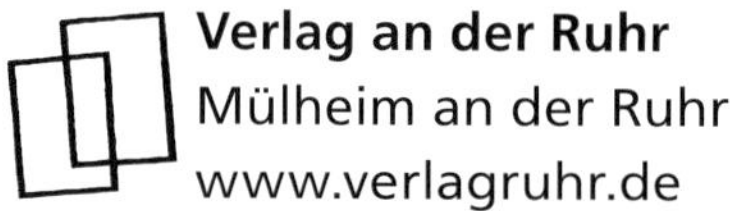

Geeignet für die Klassen 5–10

Urheberrechtlicher Hinweis
Das Werk und seine Teile sind urheberrechtlich geschützt. Jede Verwendung in anderen als den gesetzlich zugelassenen Fällen oder außerhalb dieser Bedingungen bedarf der vorherigen schriftlichen Einwilligung des Verlages. Im Werk vorhandene Kopiervorlagen dürfen vervielfältigt werden, allerdings nur für Schüler*innen der eigenen Klasse/des eigenen Kurses. Die dazu notwendigen Informationen (Buchtitel, Verlag und Autorin) haben wir für Sie als Service bereits mit eingedruckt. Diese Angaben dürfen weder verändert noch entfernt werden. Die Weitergabe von Kopiervorlagen oder Kopien (auch von Ihnen veränderte) an Kolleg*innen, Eltern oder Schüler*innen anderer Klassen/Kurse ist nicht gestattet.
Der Verlag untersagt ausdrücklich das Herstellen von digitalen Kopien, das digitale Speichern und Zurverfügungstellen dieser Materialien in Netzwerken (das gilt auch für Intranets von Schulen und sonstigen Bildungseinrichtungen), per E-Mail, Internet oder sonstigen elektronischen Medien außerhalb der gesetzlichen Grenzen. Kein Verleih. Keine gewerbliche Nutzung.
Näheres zu unseren Lizenzbedingungen können Sie unter www.verlagruhr.de/lizenzbedingungen/ nachlesen.

Bitte beachten Sie zusätzlich die Informationen unter www.schulbuchkopie.de.

Soweit in diesem Produkt Personen fotografisch abgebildet sind und ihnen von der Redaktion fiktive Namen, Berufe, Dialoge u. Ä. zugeordnet oder diese Personen in bestimmte Kontexte gesetzt werden, dienen diese Zuordnungen und Darstellungen ausschließlich der Veranschaulichung und dem besseren Verständnis des Inhalts.

© Verlag an der Ruhr 2018, Nachdruck 2023
ISBN 978-3-8346-3803-8

Inhalt

Vorwort

Liebe Leser*,

Deutsch als Zweit- oder Fremdsprache zu unterrichten, ist eine spannende Aufgabe. Die individuelle und oft sehr **heterogene Zusammensetzung** der Gruppe aus Lernern ohne, mit geringen oder mit bereits vorhandenen guten Sprachkenntnissen stellt besondere Herausforderungen an den Lehrer.

Das vorliegende Buch ist vor allem für den Einsatz in Lerngruppen mit keinen oder geringen Sprachkenntnissen gedacht, die das **Sprachniveau A1–A2** erlangen sollen. In diesen Niveaustufen können die Schüler unter anderem mit einfachen Sätzen zu Themen antworten, die auf die unmittelbare Bedürfniserfüllung abzielen.

Die Aufbereitung der Themen erfolgte unter folgenden Aspekten:

- Die Themen werden **möglichst spielerisch** angeboten, um Lernfreude zu ermöglichen und zu erhalten. Dies betrifft vor allem die Einstiegs- und Abschlussphasen, in denen die komplette Klasse gemeinsam spielt. Hinzu kommen spielerische, motivierende Aufgabenformen, wie Rätsel.
- Häufig werden Sozialformen wie Partnerarbeit und Gruppenarbeit eingesetzt, um **Kooperatives Lernen** zu intensivieren und gegenseitige Unterstützung zu ermöglichen.
- An einigen Stellen werden **Differenzierungsangebote** gemacht, um noch besser auf die individuellen Leistungsstände der Schüler eingehen zu können.
- Die persönlichen Belange der Schüler stehen im Vordergrund: **Interkulturelle Aspekte** werden aufgegriffen, um den Schülern Gelegenheit zu bieten, ihre herkunftssprachlichen und kulturellen Besonderheiten darzustellen und diese zu würdigen.
- **Landeskundliche Aspekte** helfen den Schülern, sich in Deutschland besser zurechtzufinden und sich in die Kultur einzuleben.

Zum Einsatz des Buches:

- Sie können **einzelne Stunden oder die kompletten Mini-Einheiten auswählen** und ergänzend zu anderen Lehrwerken und Materialien einsetzen.
- Sie können einzelne Stunden auswählen, wenn Sie **spontan zur Vertretung** eingesetzt werden. In den meisten Fällen sind keine zusätzlichen Materialien notwendig.
- Unterrichten Sie **fachfremd**, hilft Ihnen die ausführliche Anleitung dabei, die Stunden zu halten, auch ohne das Fach studiert zu haben.

Zum Aufbau des Buches:

Im vorliegenden Buch finden Sie für die Niveaustufen A1 und A2 insgesamt **30 komplett ausgearbeitete Stundenentwürfe für jeweils 45 Minuten inklusive der dafür notwendigen Materialien als Kopiervorlagen**. Für jede Niveaustufe wurden 15 Stundenentwürfe angefertigt. Der Fokus der Stunden liegt dabei auf dem Wortschatzerwerb.

Thematische Mini-Einheiten aus mehreren Stunden ermöglichen Ihnen, eine Unterrichtsreihe durchzuführen. Die Stunden einer Mini-Einheit bauen aufeinander auf, sodass es nicht sinnvoll ist, sie in der Reihenfolge zu vertauschen. Nehmen Sie einzelne Stunden aus der Einheit heraus, sollten Sie im Vorfeld überprüfen, ob die Schüler über den notwendigen Wortschatz und die notwendigen Grammatikkenntnisse verfügen.

Inhaltlich habe ich mich bei der Erstellung der Materialien an den **Curricularen Vorgaben DaZ** des Bundeslandes Niedersachsen und den **Themenfeldern des bayerischen Lehrplans**, den die meisten Bundesländer übernommen haben, orientiert.

Die Einordnung der Niveaustufen **A1–A2** erfolgt nach den Vorgaben des europäischen Referenzrahmens für Sprachen.

Jeder Mini-Einheit vorgeschaltet ist eine **Beschreibung**, in der Sie einen Überblick über die Themen und Inhalte erhalten.

Jeder Stundenentwurf beginnt mit Angaben zu **Thema, Kompetenzerwartungen und Materialliste**.

Anschließend werden die **Vorbereitung** und der **Stundenverlauf** mit den Phasen Einstieg, Erarbeitung und der Abschlussphase kompakt skizziert. Pro Stunde stehen ein bis drei Kopiervorlagen zum sofortigen Einsatz bereit.

Ihre Vorbereitung besteht in den allermeisten Fällen lediglich darin, die **Stundenentwürfe zu lesen, die Kopiervorlagen zu kopieren und eventuell Lösungsblätter zu erstellen**. Diese können Sie jedoch auch weglassen, wenn Sie dafür in der Abschlussphase eine Ergebnissicherung durchführen. Bei den benötigten Zusatzmaterialien wurde darauf geachtet, dass diese schnell und unkompliziert in jedem Lehrerhaushalt zu finden sein sollten.

Prinzipiell sollte man beim Unterrichten des Faches „Deutsch als Zweitsprache" auf Folgendes achten:

- Der **Spracherwerb** sollte als **interaktiver Wachstumsprozess** verstanden werden. Die Schüler werden ihre Fähigkeiten nur dann ausbauen, wenn sie ins Gespräch mit anderen kommen. Im DaZ-Unterricht werden daher sehr viele Gelegenheiten gegeben, sich mit anderen verbal auszutauschen. Sprechen wird anhand von Themen geübt, die die Schüler persönlich betreffen, zu denen sie etwas sagen können oder deren Wortschatz sie benötigen, um am sozialen Leben teilnehmen zu können.
- Der Spracherwerb selbst ist ein **individueller Prozess**, den die Schüler selbst steuern. Ihnen als Lehrer kommt die Aufgabe zu, **vielfältige Sprechanlässe** zu bieten und den Unterricht so **motivierend** zu gestalten, dass die Schüler von sich aus Lust auf das Sprechen bekommen und begierig sind, sich weiterzuentwickeln. Die Anstrengungsbereitschaft muss allerdings von den Schülern ausgehen. Individuell sind auch Tempo, Fortschritte und der Einsatz des passiven und aktiven Wortschatzes.
- Fehler, die Schüler machen, sollten als Ausdruck der jeweiligen **Interimssprache** gesehen und nicht geahndet werden. Fragen Sie stattdessen zurück und **formulieren Sie korrekt**.
- Die Mehrsprachigkeit der Schüler stellt eine Fähigkeit dar; keinen Mangel, den es auszugleichen gilt. Zeigen Sie, wann immer es geht, **Wertschätzung gegenüber der Herkunftssprache** der Schüler und lassen Sie es auch zu, dass Schüler sich im Unterricht mit anderen in ihrer Herkunftssprache unterhalten.
- **Methodische, soziale und mediale Vielfalt** erhöhen die Sprechmotivation und Lernbereitschaft der Schüler. Der zyklische Aufbau der Lernsituationen führt dazu, dass Wissen wiederholt, gefestigt und erweitert wird.

Ich wünsche Ihnen und Ihren Schülern viel Freude beim DaZ-Unterricht!

Nina Wilkening

* Aus Gründen der besseren Lesbarkeit haben wir in diesem Buch durchgehend die männliche Form verwendet. Natürlich sind damit auch immer Frauen und Mädchen gemeint, also Lehrerinnen, Schülerinnen etc.

Niveaustufe A1

MINI-EINHEIT: Das bin ich und wer bist du?

In dieser Einheit, die sich über sieben Stunden erstreckt, geht es um folgende Themen:

- **Stunde 1**: Begrüßung und Verabschiedung
- **Stunde 2**: Körperteile
- **Stunde 3**: Farben und Zahlen
- **Stunde 4**: Kleidung
- **Stunde 5**: Familienmitglieder und Nachbarn
- **Stunde 6**: Von sich erzählen und andere genauer kennenlernen
- **Stunde 7**: Gefühle

Die Stunden bauen aufeinander auf und das Wortschatzmaterial wird wiederholt. Beispielsweise werden die Farbadjektive aus Stunde 3 zur Beschreibung der Kleidung in Stunde 4 benötigt. Alle bisher gelernten Vokabeln werden in Stunde 6 zusammengeführt, in der die Schüler sich selbst ausführlich vorstellen. Dazu müssen sie in der Lage sein, ihr Aussehen und ihre Kleidung zu benennen und von ihrer Familie (z. B. der Anzahl ihrer Geschwister) zu erzählen.

Ein Bogen von der 1. bis zur 6. Stunde ist ebenfalls ersichtlich: In der 1. Stunde können die Schüler sich lediglich kurz begrüßen, in der 6. Stunde stellen sie sich selbst und ihre Mitschüler mithilfe von Steckbriefen vor.

Stunde 7 nimmt das Thema Gefühle in den Blick. Um von anderen verstanden zu werden, ist es wichtig, dass man sich zu seinen Gefühlen äußern kann.

Weiterführende Anregungen

- Sammeln Sie Begrüßungen und Verabschiedungen in den Herkunftssprachen der Schüler.
- Begrüßen und verabschieden Sie einander in jeder Stunde in einer anderen Sprache. So können Sie interkulturelle Momente in den Unterricht bringen und die Herkunftssprachen würdigen.
- Bis zum Alter von etwa 13 Jahren können Sie mit den Schülern ein Körperteile-Lied singen, z. B. „Kopf, Schulter, Knie und Fuß" oder ein anderes Lied, das sie im Internet finden können. Machen Sie dazu auch die jeweils passenden Bewegungen.
- Alternativ können Sie natürlich mit den Schülern einen eigenen Körperteile-Rap erfinden.

Begrüßung und Verabschiedung

Darum geht's

In dieser Stunde lernen die Schüler mithilfe von Bewegungen, andere zu begrüßen und sich voneinander zu verabschieden. Sie erkennen Verbindungen zwischen verschiedenen Tageszeiten und Grußformeln.

Kompetenzerwartungen

Die Schüler …
- kennen Grußformeln
- stellen sich vor
- verabschieden sich

Material

- Material „Begrüßung und Verabschiedung – das Spiel"
- Arbeitsblatt „Hallo oder Guten Tag?"
- genügend Scheren
- 1 Folie, 1 non-permanenter Folienstift
- Overhead-Projektor

Vorbereitung

Kopieren Sie das Material „Begrüßung und Verabschiedung – das Spiel" und das Arbeitsblatt „Hallo oder Guten Tag?" im Klassensatz. Bereiten Sie zusätzlich eine Folie des Arbeitsblattes vor.

Stundenverlauf

Einstieg

ca. 10 Minuten

Bringen Sie den Schülern folgende Aktionen bei:
- „Hallo": die Hand zur Begrüßung heben
- „Guten Tag": sich verbeugen
- „Auf Wiedersehen": zum Abschied winken

Teilen Sie nun die Klasse in zwei Mannschaften ein. Die Regeln lauten (wie bei „Schnick-Schnack-Schnuck") wie folgt: Jede Mannschaft einigt sich leise auf eine gemeinsame Aktion. Sind die Mannschaften sehr groß, sollte in jeder Mannschaft ein Schüler Aktionen vorgeben. Die Mannschaften stellen sich an einer Linie einander gegenüber auf. Auf Ihr Wort führt jede Mannschaft ihre Aktion aus. Dabei gilt:
- „Hallo" schlägt „Guten Tag".
- „Guten Tag" schlägt „Auf Wiedersehen".
- „Auf Wiedersehen" schlägt „Hallo".

Tipp

Spielen Sie dieses Spiel am besten in der Turnhalle oder auf dem Pausenhof. Sollte das nicht möglich und das Klassenzimmer zu eng sein, kann das Spiel auch leicht variiert wie „Schnick-Schnack-Schnuck" zu zweit am Platz gespielt werden.

Erarbeitung

ca. 20 Minuten

Die Schüler erhalten je ein Exemplar des Materials „Begrüßung und Verabschiedung – das Spiel". Die Karten werden ausgeschnitten. Anschließend wird das Spiel mit einem Set Spielkarten zu zweit oder zu dritt gespielt. Die Schüler mischen und verteilen alle Karten gleichmäßig und nehmen sie auf die Hand. Wer dann schon ein Paar hat, legt es ab. Reihum wird beim rechten Mitspieler eine Karte gezogen. Weitere Paare werden abgelegt. Wer keine Karten mehr hat, hat gewonnen. Wer zuletzt die Karte „Schlaf gut!" in der Hand hält, hat verloren.

Abschlussphase

ca. 15 Minuten

Teilen Sie den Schülern das Arbeitsblatt „Hallo oder Guten Tag?" aus. Legen Sie die Folie auf den Overhead-Projektor und besprechen Sie die Aufgabe gemeinsam mit den Schülern. Füllen Sie die Felder aus, während die Schüler die Ergebnisse auf ihr Arbeitsblatt übertragen. Fordern Sie die Schüler auf, zu den Abbildungen einen Satz zu bilden (z. B. „Meiner Mutter sage ich morgens: ‚Guten Morgen!').

„Begrüßung und Verabschiedung – das Spiel"

Hallo oder Guten Tag?

1. Wie begrüßt und verabschiedet man sich im Laufe des Tages? Schreibe die Wörter in die Tabelle.

Situation	Begrüßung/Verabschiedung

Abb.: Norbert Höveler

Körperteile

Darum geht's

Die Schüler setzen sich mit den Bezeichnungen der Körperteile auseinander und lernen durch einfache Steckbriefe, sich selbst und andere Personen zu beschreiben.

Kompetenzerwartungen

Die Schüler …
- kennen Bezeichnungen für Körperteile
- können sich selbst beschreiben
- können andere Personen beschreiben

Material

- Material „Hallo, Schulter"
- Arbeitsblatt A „Körperpuzzle"
- Arbeitsblatt B „Steckbriefe zum Ankreuzen"
- genügend Scheren für alle Schüler
- verschiedenfarbige Stifte für alle Schüler

Vorbereitung

Kopieren Sie das Material für das Spiel „Hallo, Schulter" auf DIN A3 und schneiden Sie die Karten aus. Kopieren Sie die Arbeitsblätter A „Körperpuzzle" und B „Steckbriefe zum Ankreuzen" jeweils in Klassenstärke.

Stundenverlauf

Einstieg

ca. 10 Minuten
Spielen Sie mit den Schülern das Spiel „Hallo, Schulter". Die Schüler gehen dazu durch den Raum. Sagen Sie nach einigen Sekunden „Stopp". Halten Sie eine der Karten hoch und lassen Sie den Schüler, der Ihnen am nächsten ist, vorlesen, um welches Körperteil es sich handelt. Lassen Sie auch den Plural bilden. Die Schüler suchen sich nun alle jemanden, der in der Nähe steht, zeigen auf das entsprechende Körperteil und sagen dazu z. B. „Hallo, Schulter". Dann setzen sich die Schüler erneut in Bewegung. Es wird so lange gespielt, bis Sie alle Karten gezeigt haben und somit alle Körperteile benannt wurden.

Tipp

Je nach Alter und Klassenzusammensetzung können Sie ggf. bestimmte Körperteile (Bauch, Hüfte) weglassen.

Erarbeitung

ca. 25 Minuten
Die Schüler bearbeiten in Einzelarbeit die beiden Arbeitsblätter A „Körperpuzzle" und B „Steckbriefe zum Ankreuzen". Besprechen Sie die Lösung der Aufgabe 3 des Körperpuzzles im Plenum. Lassen Sie von den Schülern auch jeweils den Plural der Körperteile wiederholen, den sie bereits beim Spiel „Hallo, Schulter" gelernt haben.

Abschlussphase

ca. 10 Minuten
Sammeln Sie die Arbeitsblätter der Steckbriefe ein und verteilen Sie sie gemischt wieder an die Schüler. Lassen Sie die Beschreibungen laut vorlesen. Die anderen Schüler müssen erraten, wer durch diesen Steckbrief beschrieben wird.

Ergänzungsmöglichkeit/Weiterführung

Spielen Sie in der nächsten Stunde als Aufwärmspiel oder in dieser Stunde zusätzlich als Abschluss das Spiel „Wer bin ich?".
Schreiben Sie dazu die Namen von drei Schülern auf Kärtchen. Bitten Sie drei andere Schüler, sich vor die Klasse zu stellen. Geben Sie ihnen die Kärtchen so in die Hand, sodass zwar das Plenum, aber nicht sie selbst die Namen auf den Kärtchen lesen können. Nun darf jeder Schüler, der vorn steht, die Mitschüler so lange mit Ja-/Nein-Fragen nach Merkmalen befragen, bis er ein „Nein" erhält. (z. B. „Bin ich ein Junge?"). Dann ist der nächste Schüler dran. Das Spiel ist zu Ende, wenn alle drei Schüler, die vorn stehen, die Namen auf ihren Kärtchen erraten haben.

„Hallo, Schulter"

A: Körperpuzzle

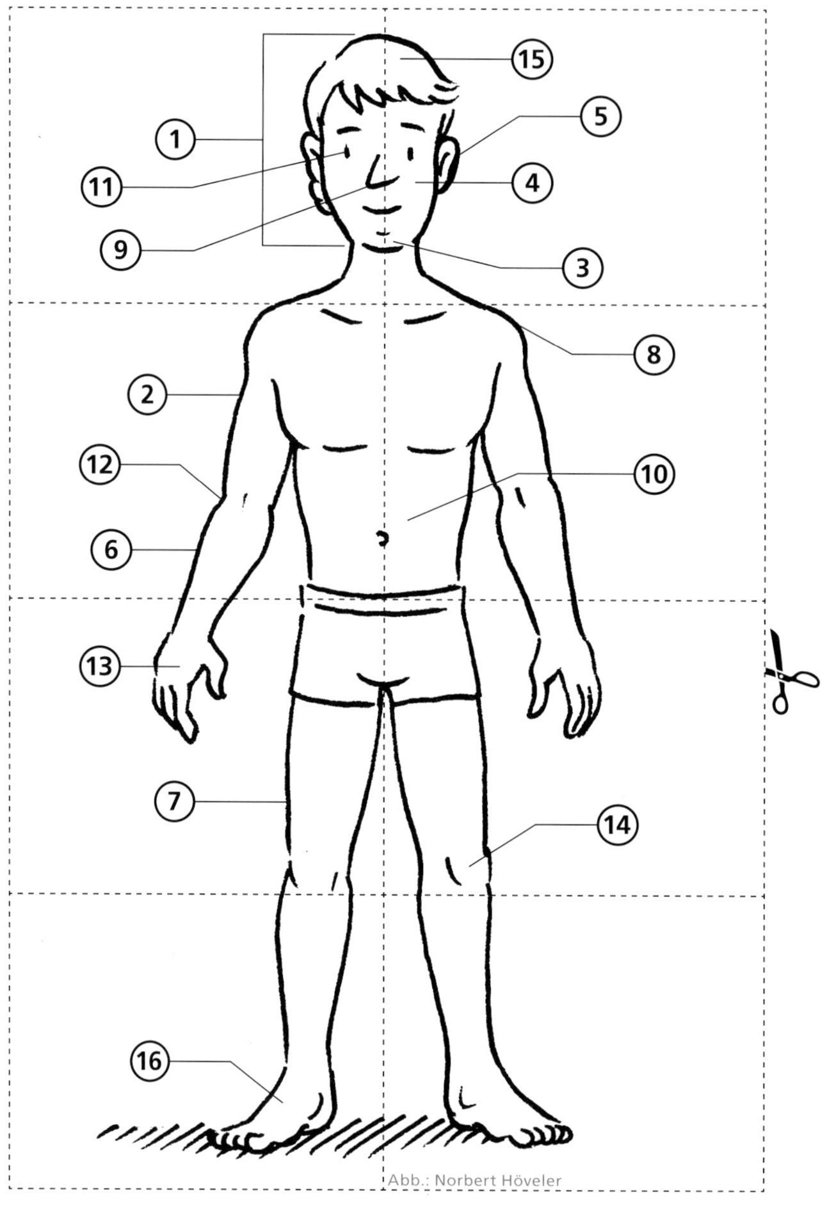

Abb.: Norbert Höveler

◎ Aufgabe

1. Schneide die Puzzleteile aus.

2. Setze die Puzzleteile richtig zusammen, sodass ein Mensch entsteht.

3. Schreibe die Nummern der Körperteile in die Tabelle.

	der Arm		das Haar		die Nase
	das Auge		die Hand		das Ohr
	der Bauch		das Kinn		die Schulter
	das Bein		das Knie		der Unterarm
	der Ellenbogen		der Kopf		die Wange
	der Fuß				

B: Steckbriefe zum Ankreuzen

1. Fülle den Steckbrief aus. Kreuze an und male die Farbkleckse aus.

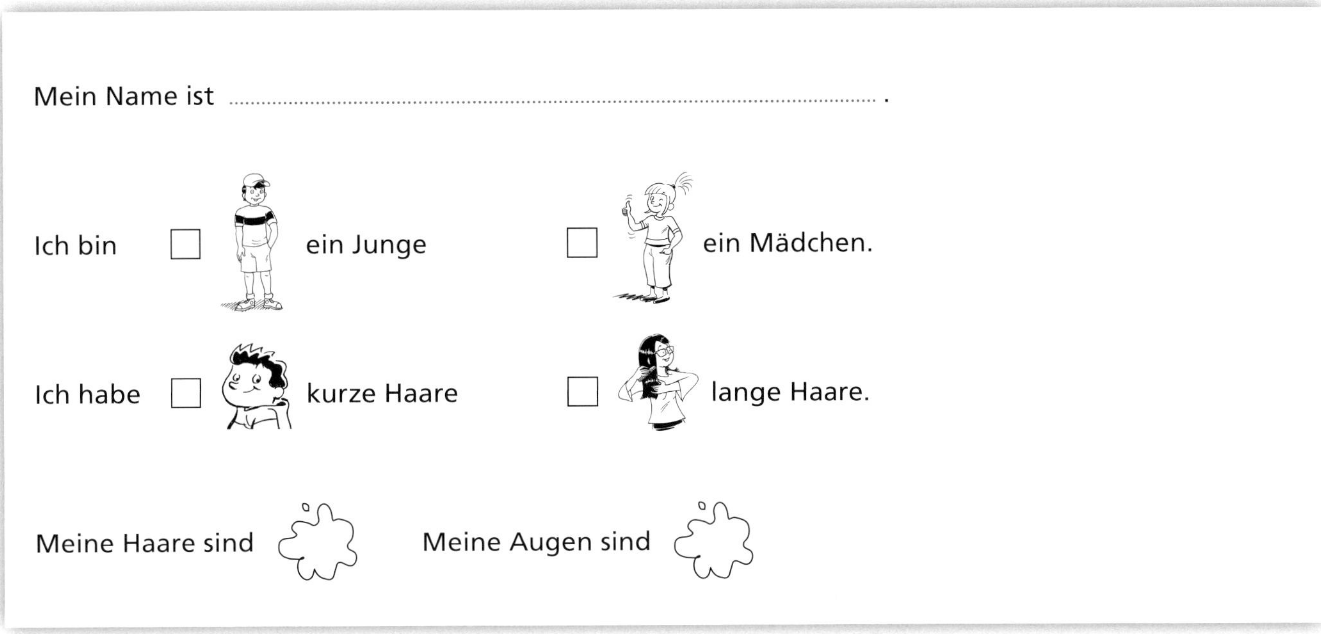

Mein Name ist ....

Ich bin ☐ ein Junge ☐ ein Mädchen.

Ich habe ☐ kurze Haare ☐ lange Haare.

Meine Haare sind Meine Augen sind

2. Fülle den Steckbrief für einen Jungen oder ein Mädchen aus deiner Klasse aus. Kreuze an und male die Farbkleckse aus.

Ihr/Sein Name ist ....

Er ist ☐ ein Junge Sie ist ☐ ein Mädchen.

Er/Sie hat ☐ kurze Haare ☐ lange Haare.

Seine/Ihre Haare sind Seine/Ihre Augen sind

Farbkleckse: © Verlag an der Ruhr; Personen: Norbert Höveler

Farben und Zahlen

Darum geht's

Den Schülern wird in dieser Unterrichtsstunde vermittelt, zwischen verschiedenen Farbadjektiven zu unterscheiden und diese zu verinnerlichen.

Kompetenzerwartungen

Die Schüler ...
- kennen die gängigsten Farben
- kennen die Zahlen von 1 bis 6

Material

- Arbeitsblatt A „Monstermaler"
- Arbeitsblatt B „Mein Monster"
- Farbkarten (z. B. DIN-A4-Tonpapier) in den Farben rot, gelb, blau, grün, orange, lila
- pro Schülerpaar 1 Würfel
- Buntstifte in den Farben rot, gelb, blau, grün, orange, lila

Vorbereitung

Kopieren Sie die Arbeitsblätter A „Monstermaler" und B „Mein Monster" jeweils in Klassenstärke.

Stundenverlauf

Einstieg

ca. 5 Minuten
Spielen Sie mit den Schülern das „Farbenspiel". Zeigen Sie ihnen zunächst die Farbkarten, nennen Sie die Farbadjektive und erklären den Schülern zusätzlich das Wort „bunt" (z. B. halten Sie alle Karten zusammen hoch). Setzen Sie sich mit den Schülern in einen Stuhlkreis, in dem ein Stuhl zu wenig steht. Der Schüler, der keinen Sitzplatz bekommen hat, steht in der Mitte des Kreises. Nennen Sie eine Farbe und halten dabei die Farbkarte hoch. Alle Schüler, die ein Kleidungsstück in der von Ihnen genannten Farbe anhaben, wechseln den Platz. Der Schüler in der Mitte sucht sich ebenfalls einen freien Platz. Möchten Sie, dass alle Schüler den Platz tauschen, rufen Sie „bunt".

Erarbeitung

ca. 30 Minuten
Hängen Sie die Farbkarten an die Tafel und schreiben die Farbadjektive darunter.
Zur Bearbeitung des Arbeitsblattes A „Monstermaler" arbeiten die Schüler in Partnerarbeit.
Sie benötigen die Buntstifte und einen Würfel.
Verteilen Sie den Schülern das Arbeitsblatt und erklären Sie, wie die Aufgabe funktioniert: Die Schüler würfeln abwechselnd und malen im Bild die Farbfläche an, die der gewürfelten Augenzahl entspricht. Jeder arbeitet dabei auf seiner Kopiervorlage. Gewonnen hat, wer zuerst sein Monster komplett angemalt hat. Schüler, die diese Aufgaben beendet haben, nehmen sich selbstständig das Arbeitsblatt B „Mein Monster" und bearbeiten dieses in Einzelarbeit.

Abschlussphase

ca.10 Minuten
Legen Sie die Monsterbilder aus Aufgabe 2 von Arbeitsblatt B „Mein Monster" in einer Reihe aus oder hängen Sie sie an die Tafel.
Stellen Sie sich mit den Schülern so auf, dass alle die Monsterbilder gut sehen können.
Bitten Sie einzelne Schüler, ihre Monster vorzustellen, ohne auf das dazugehörige Bild zu zeigen: *„Mein Monster hat drei rote Augen, zwei gelbe Zähne, grüne Haare, vier Beine und fünf Arme."*
Die anderen Schüler erraten, welches Monsterbild zur Beschreibung passt. Bei Zeitnot kommen einzelne Schüler nach vorn und stellen ihr Monster der Klasse vor, ohne dass alle Bilder ausgelegt werden.

A: Monstermaler

Aufgabe

Spiele mit deinem Partner. Würfelt abwechselnd und malt das Monster an. Benutze dabei folgende Farben:

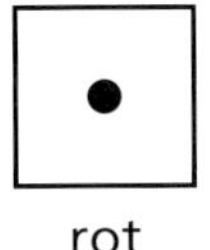
rot

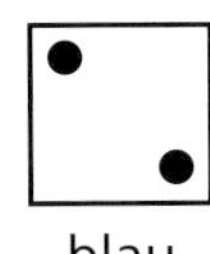
blau

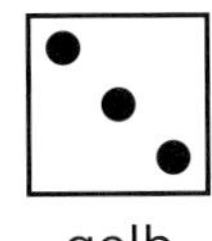
gelb

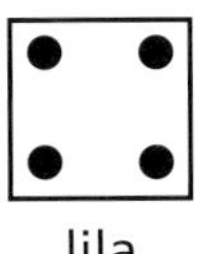
lila

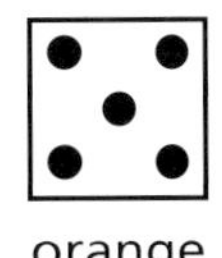
orange

grün

rot: Körper

blau: Arme

gelb: Beine

lila: Horn

orange: Ohren

grün: Augen

Würfel: © Verlag an der Ruhr; Monster: Norbert Höveler

B: Mein Monster

Aufgaben

1. Lies und male an.

Der Körper ist rot. Die Augen sind gelb. Das Horn ist blau. Die Ohren sind grün. Arme und Beine sind lila.	Die Augen sind lila. Das Horn ist gelb. Der Körper ist grün. Die Ohren sind rot. Arme und Beine sind blau.	Arme und Beine sind grün. Das Horn ist gelb. Die Ohren sind lila. Die Augen sind rot. Der Körper ist orange.

2. Male ein eigenes Monster und male es bunt aus.

Monster: Norbert Höveler

 © Verlag an der Ruhr | Nina Wilkening | ISBN 978-3-8346-3803-8 | www.verlagruhr.de

Kleidung

Darum geht's

Begriffe von Kleidungsstücken verstehen, erkennen und zuordnen steht im Mittelpunkt dieser Stunde. Dabei werden die Bezeichnungen der Kleidungsstücke mit Farben verbunden und durch Personenbeschreibungen gefestigt.

Kompetenzerwartungen

Die Schüler …
- kennen Begriffe für Kleidungsstücke
- verstehen einfache Sätze
- können einfache Informationen auf ein Bild übertragen
- kennen Farbadjektive

Material

- Arbeitsblatt A „Kleidung"
- Arbeitsblatt B „Suchsel Kleidung"
- Arbeitsblatt C „Das Klassenfoto"
- 1 Decke

Vorbereitung

Kopieren Sie die drei Arbeitsblätter A „Kleidung", B „Suchsel Kleidung" und C „Das Klassenfoto" jeweils in Klassenstärke.

Stundenverlauf

Einstieg

ca. 5 Minuten
Das Einstiegsspiel ist eine Variante des bekannten Spiels „Alle Vögel fliegen hoch". Sie sagen den Satz: „Alle Schüler stehen auf, die … anhaben" (z. B. eine blaue Hose/ein rotes T-Shirt/eine Brille). Diejenigen Schüler, die das betrifft, stehen auf. Kontrollieren Sie gemeinsam mit allen Schülern, ob die richtigen Schüler aufgestanden sind.

Erarbeitung

ca. 30 Minuten
Teilen Sie nacheinander die Arbeitsblätter aus. Die Schüler bearbeiten diese in Einzel- oder Partnerarbeit. Nach der Bearbeitung werden die Ergebnisse im Plenum besprochen.

Tipp

Differenzierung: Da das Arbeitsblatt C „Das Klassenfoto" etwas anspruchsvoller ist und Lesefähigkeit voraussetzt, können Sie auch so differenzieren, dass alle Schüler das Arbeitsblatt A „Kleidung" bearbeiten, im Anschluss daran die Leistungsschwächeren das Arbeitsblatt B „Suchsel Kleidung" und die Leistungsstärkeren das Arbeitsblatt C „Das Klassenfoto". Sie können die Schüler auch erst die Arbeitsblätter A „Kleidung" und B „Suchsel Kleidung" bearbeiten lassen und im Anschluss gemeinsam mit der ganzen Klasse das Arbeitsblatt C „Das Klassenfoto" besprechen, um sicherzustellen, dass alle Schüler die Aufgaben verstehen und lösen können.

Abschlussphase

ca. 10 Minuten
Treffen Sie sich mit den Schülern im Stuhlkreis. Jeder Schüler gibt ein Kleidungsstück ab, Sie ebenfalls. Die Kleidungsstücke werden in die Mitte des Stuhlkreises auf den Boden gelegt und mit einer Decke abgedeckt. Greifen Sie unter die Decke und ziehen ein Kleidungsstück hervor. Halten Sie es hoch und fragen Sie: *„Wem gehört die … Jacke/der … Schuh/der … Pulli etc.?"* Der Besitzer meldet sich und sagt: *„Die … Jacke gehört mir."* Er nimmt sein Kleidungsstück in Empfang und holt seinerseits ein anderes Kleidungsstück unter der Decke hervor und fragt nach dem Besitzer. Das Spiel ist beendet, wenn alle Kleidungsstücke wieder bei ihren Besitzern sind.

A: Kleidung

Aufgabe

Male an: Kleidungsstücke für den Sommer: rot, Kleidungsstücke für den Winter: blau, Kleidungsstücke für jede Jahreszeit: grün.

Abb.: Norbert Höveler

 © Verlag an der Ruhr | Nina Wilkening | ISBN 978-3-8346-3803-8 | www.verlagruhr.de

B: Suchsel Kleidung

Aufgaben

1. Wie heißen die Kleidungsstücke? Schreibe auf die Linien.

2. Suche die 12 Kleidungsstücke im Suchsel. Male die Wörter an.

T	U	R	N	S	C	H	U	H	E	Z
E	B	N	R	A	D	X	P	E	V	D
I	R	C	A	N	S	O	E	M	R	Y
K	L	E	I	D	U	I	O	D	I	K
E	S	B	D	A	X	H	C	W	T	A
L	M	P	U	L	L	O	V	E	R	P
P	Y	I	E	E	I	S	N	I	O	P
E	B	M	U	N	Y	E	Z	T	C	E
A	F	Ü	N	F	B	J	A	C	K	E
E	L	T	P	T	G	L	O	M	J	M
U	O	Z	S	C	H	A	L	U	C	S
P	I	E	W	V	B	R	I	L	L	E

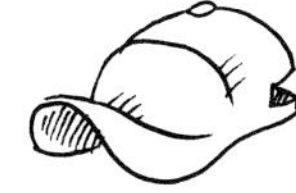

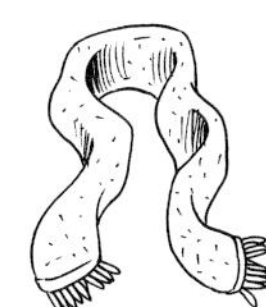
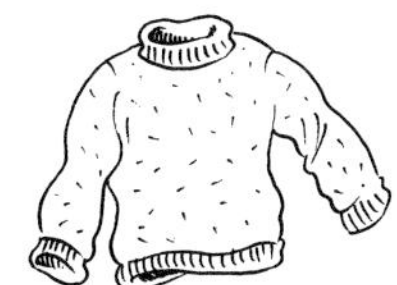

Abb.: Norbert Höveler

C: Das Klassenfoto

Aufgaben

1. Sieh dir das Klassenfoto an.

2. Lies die Sätze.

3. Schreibe die richtigen Namen auf.

Selma trägt ein T-Shirt mit Streifen und eine schwarze Hose.
Deldar trägt eine Kappe und ein weißes T-Shirt.
Omar trägt schwarze Turnschuhe und ein Hemd mit Punkten.
Pedro trägt ein schwarzes Hemd.

4. Was trägt die Lehrerin Frau Otto?

....

....

....

....

....

....

....

....

Abb.: Norbert Höveler

 © Verlag an der Ruhr | Nina Wilkening | ISBN 978-3-8346-3803-8 | www.verlagruhr.de

Familienmitglieder und Nachbarn

Darum geht's

In dieser Stunde werden Begriffe für Familienmitglieder und Nachbarn gelernt. Zusätzlich werden Präpositionen genutzt und angewandt.

Kompetenzerwartungen

Die Schüler …
- kennen Bezeichnungen für Familienmitglieder
- können Präpositionen richtig anwenden

Material

- Arbeitsblatt A „Familienmitglieder"
- Arbeitsblatt B „Nachbarn"
- Familienfotos der Schüler
- 1 Folie, 1 Folienstift
- Overhead-Projektor

Vorbereitung

Kündigen Sie bereits eine Stunde vorher an, dass die Schüler ein Familienfoto mitbringen sollen. Kopieren Sie die Arbeitsblätter A „Familienmitglieder" und B „Nachbarn" jeweils in Klassenstärke. Kopieren Sie das Arbeitsblatt A „Familienmitglieder" einmal auf Folie.

Stundenverlauf

Einstieg

ca. 10 Minuten
Stellen Sie den Schülern kurz den Ablauf und das Thema der Stunde vor. Zeigen Sie den Schülern die Folie zum Arbeitsblatt A „Familienmitglieder". Besprechen Sie Aufgabe 1 im Plenum, um die Begrifflichkeiten der Familienmitglieder zu klären.

Erarbeitung

ca. 20 Minuten
Die Schüler bearbeiten die Arbeitsblätter A „Familienmitglieder" und B „Nachbarn" in Partnerarbeit. Besprechen Sie danach die Lösungen der jeweiligen zweiten Aufgabe gemeinsam im Plenum. Bitten Sie dann einige Schüler, sich zu Aufgabe 3 des Arbeitsblattes A „Familienmitglieder" zu äußern und vorzustellen, welche Mitglieder in ihrer Familie leben.

Abschlussphase

ca. 15 Minuten
Der Abschluss der Stunde kann auf verschiedene Arten erfolgen:
- Bitten Sie alle Schüler, ihre Familien im Plenum vorzustellen, indem sie die Fotos von ihren Familien zeigen und dazu sprechen.
- Schauen Sie sich die Familienfotos der Schüler im Museumsgang an. Das bedeutet, dass die Schüler ihre Bilder alle am Platz liegen lassen und in der Klasse herumgehen, um die Bilder ihrer Mitschüler zu betrachten.

A: Familienmitglieder

Aufgaben

1. Sieh dir das Foto an und lies die Begriffe.

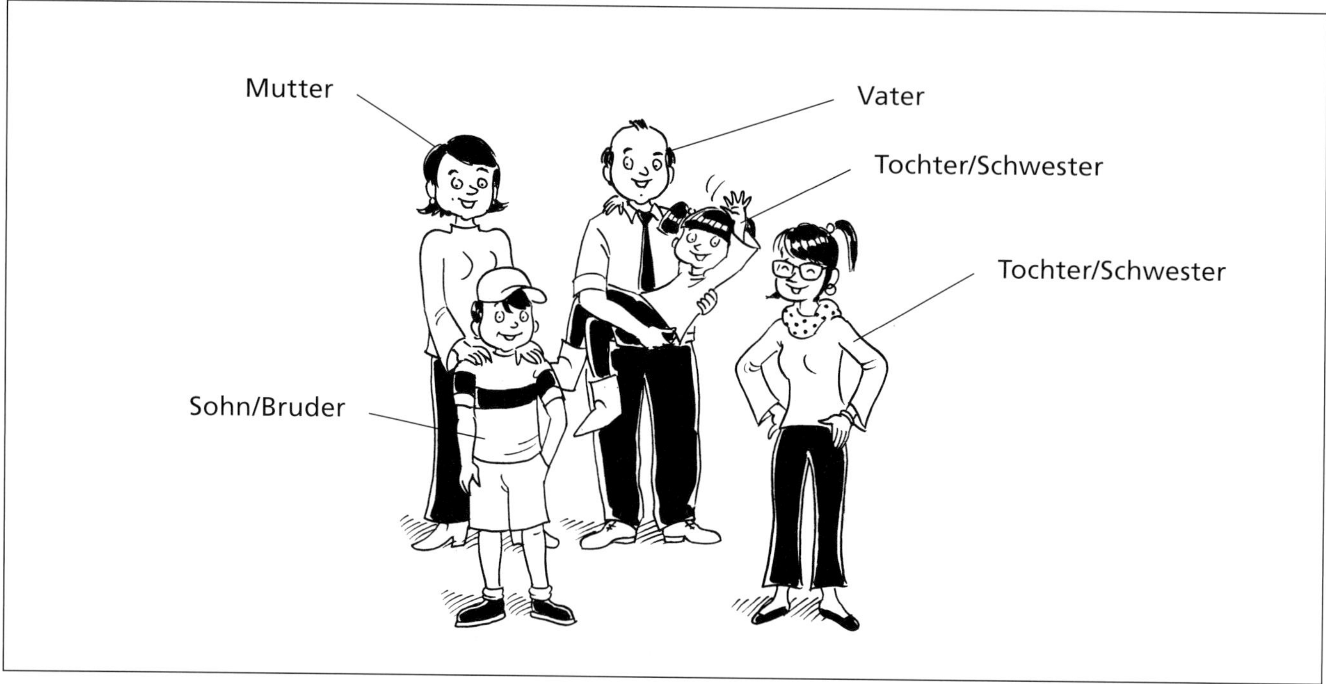

2. Sieh dir die Fotos unten an. Schreibe auf, wen du siehst.

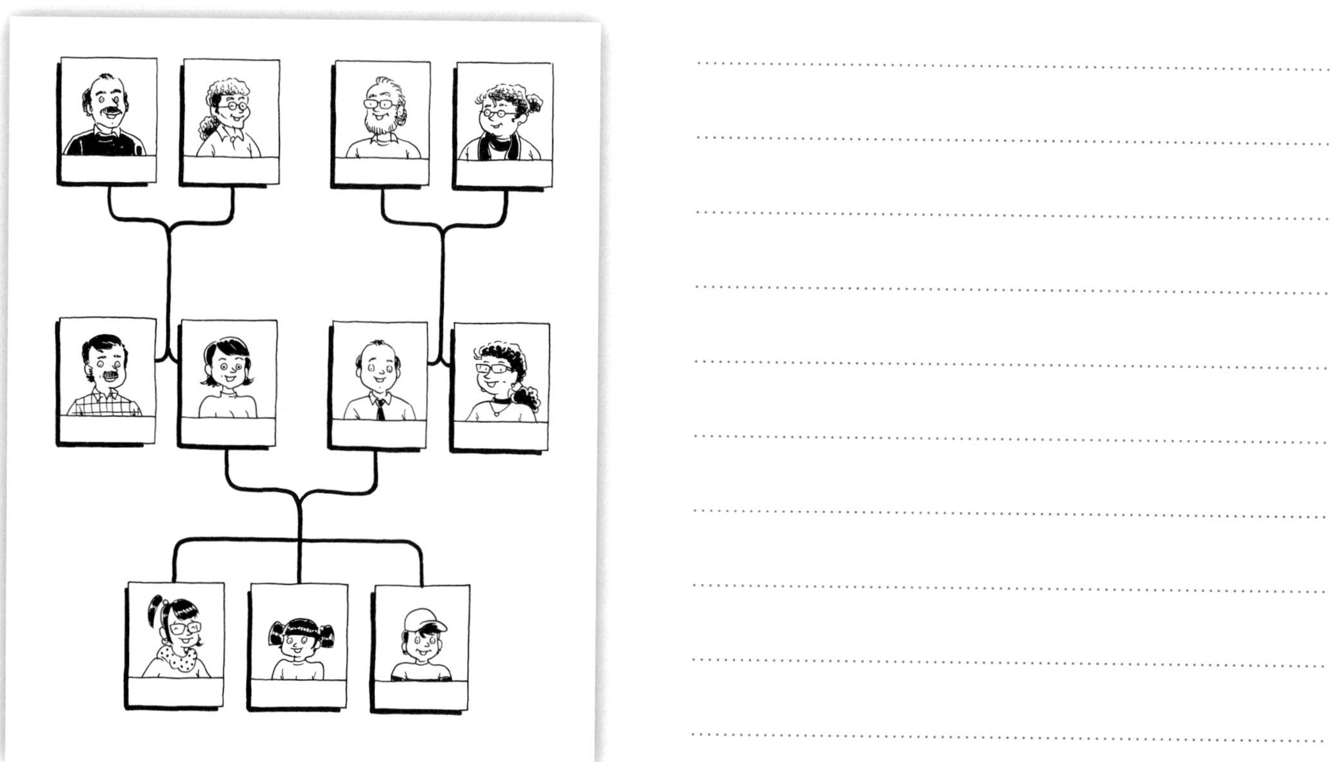

3. Welche Mitglieder hat deine Familie? Stelle deine Familie mit den richtigen Vokabeln in der Klasse vor.

Abb.: Norbert Höveler

 © Verlag an der Ruhr | Nina Wilkening | ISBN 978-3-8346-3803-8 | www.verlagruhr.de

B: Nachbarn

Aufgaben

1. Sieh dir das Haus an.

2. Wer wohnt wo? Setze die Wörter aus dem Kasten in die Lücken ein.

unter — nebeneinander — über — neben — über — unter

Herr und Frau Müller wohnen .... Familie Münch.

Familie Öcalan wohnt .... Frau Schneider.

Familie Münch wohnt .... Herrn und Frau Müller.

Frau Okoye und Familie Münch wohnen ....

Familie Öcalan wohnt in einem Stockwerk .... Familie Münch und Frau Okoye.

Herr Wallaschek wohnt .... Frau Okoye.

Abb.: Norbert Höveler

Von sich erzählen und andere genauer kennenlernen

Darum geht's

Die Schüler lernen mithilfe von Steckbriefen, sich selbst durch persönliche Daten vorzustellen, aber auch andere Menschen nach ihren Daten zu fragen und diese dann vorzustellen.

Kompetenzerwartungen

Die Schüler …

- können Auskunft über eigene persönliche Daten (Name, Adresse, Alter etc.) geben
- können andere nach persönlichen Daten befragen
- können andere vorstellen

Material

- Material „Karten für das Spiel Kartentausch“
- Arbeitsblatt „Steckbriefe erstellen“

Vorbereitung

Kopieren Sie das Material „Karten für das Spiel Kartentausch“ einmal und schneiden Sie die 18 Karten aus. Jeder Schüler sollte eine Karte erhalten. Haben Sie mehr als 18 Schüler in Ihrer Klasse, kopieren Sie das Material erneut und schneiden Sie die benötigte Anzahl an Karten aus.
Kopieren Sie das Arbeitsblatt „Steckbriefe erstellen“ in Klassenstärke.

Stundenverlauf

Einstieg

ca. 10 Minuten
Geben Sie jedem Schüler eine vorbereitete Karte des Materials „Kartentausch“. Die Schüler gehen durch den Raum. Treffen zwei Schüler zusammen, stellen sie einander die Fragen, die auf ihren Karten stehen. Weiß ein Schüler nicht, wie er auf die Frage antworten kann, sollen die Schüler den Anfangssatz auf der Karte zu Hilfe nehmen. Anschließend tauschen sie die Karten und suchen sich einen neuen Partner.

Erarbeitung

ca. 20 Minuten
Verteilen Sie das Arbeitsblatt „Steckbriefe erstellen“ an die Schüler. Jeder Schüler füllt zunächst den eigenen Steckbrief und die Fragen für den Partner-Steckbrief aus. Im Anschluss trifft er sich mit einem Partner (dem Sitznachbarn oder einem anderen Schüler, der ebenfalls fertig ist), stellt diesem die Fragen auf dem Arbeitsblatt und füllt den Steckbrief für seinen Partner aus.
Schülerpaare, die mit dieser Aufgabe fertig sind, warten auf andere Schülerpaare und stellen sich gegenseitig ihre interviewten Partner vor.

Abschlussphase

ca. 15 Minuten
Fordern Sie die Schüler auf, paarweise nach vorn zu kommen. Die Schüler stellen ihren Partner der Klasse vor.
Sollten Sie noch Zeit übrighaben, können Sie alle Steckbriefe einsammeln und Rätsel zu den verschiedenen Steckbriefen stellen (z. B. „Welcher Schüler kommt aus Syrien, ist 13 Jahre alt und hat zwei Schwestern?“).

Karten für das Spiel „Kartentausch"

Wie heißt du? Ich heiße …	**Woher kommst du?** Ich komme aus …	**Wie alt bist du?** Ich bin … Jahre alt.
Wo wohnst du? Ich wohne …	**Welche Sprache(n) sprichst du?** Ich spreche …	**Hast du Geschwister?** Ich habe … Bruder/Brüder. Ich habe … Schwester(n).
Wie heißt du? Ich heiße…	**Woher kommst du?** Ich komme aus …	**Wie alt bist du?** Ich bin … Jahre alt.
Wo wohnst du? Ich wohne …	**Welche Sprache(n) sprichst du?** Ich spreche …	**Hast du Geschwister?** Ich habe … Bruder/Brüder. Ich habe … Schwester(n).
Wie heißt du? Ich heiße…	**Woher kommst du?** Ich komme aus …	**Wie alt bist du?** Ich bin … Jahre alt.
Wo wohnst du? Ich wohne …	**Welche Sprache(n) sprichst du?** Ich spreche …	**Hast du Geschwister?** Ich habe … Bruder/Brüder. Ich habe … Schwester(n).

Steckbriefe erstellen

Aufgaben

1. Fülle einen Steckbrief für dich aus.

Ich heiße ....

Ich komme aus ....

Ich spreche ....

Ich bin .... Jahre alt.

Ich wohne in ....

☐ Ich habe Geschwister: .... Bruder/Brüder, ... Schwester/Schwestern.

☐ Ich habe keine Geschwister.

2. Schreibe die richtigen Fragen auf.

3. Fülle einen Steckbrief für deinen Partner aus. Schreibe die Antworten auf.

Fragen	Antworten
Wie heißt du?	Er/Sie heißt ....
....	Er/Sie kommt aus ....
....	Er/Sie spricht ....
....	Er/Sie ist .... Jahre alt.
....	Er/Sie wohnt in ....
....	☐ Er/Sie hat keine Geschwister.
	☐ Er/Sie hat Geschwister:
	.... Bruder/Brüder,
	.... Schwester/Schwestern.

Rahmen/Zettel: © Verlag an der Ruhr

Gefühle

Darum geht's

Die Schüler lernen, Gefühle und dazugehörige Ausdrücke zu verstehen. Sie können die Gefühle anderer erkennen und selbst nachstellen.

Kompetenzerwartungen

Die Schüler …
- kennen Begriffe für Gefühle
- können Gefühle in Worten sowie Mimik und Gestik darstellen
- können Informationen aus einfachen Texten entnehmen

Material

- Material „Gefühle-Domino"
- Arbeitsblatt „Was ist los mit dir?"
- genügend Scheren

Vorbereitung

Kopieren Sie das Material „Gefühle-Domino" und das Arbeitsblatt „Was ist los mit dir?" jeweils in Klassenstärke.
Kopieren Sie das Material „Gefühle-Domino" ein weiteres Mal und schneiden Sie die zwölf Karten aus.

Stundenverlauf

Einstieg

ca. 10 Minuten
Verteilen Sie die Karten des Materials „Gefühle-Domino" an einzelne Schüler. Bitten Sie den Schüler, der die START-Karte hat, nach vorn zu kommen. Er stellt sich vor der Tafel auf und liest das Wort, das im rechten Feld auf seiner Karte steht, laut vor („glücklich"). Der Schüler, der ein zum Wort passendes Bild im linken Feld seiner Karte hat, kommt nach vorn und stellt sich neben den ersten Schüler. Dann stellt er das Gefühl kurz pantomimisch dar. Im Plenum wird geklärt, ob alle das dargestellte Gefühl verstanden haben. Anschließend liest der Schüler das Wort auf der rechten Seite seiner Karte vor. Das Spiel ist zu Ende, wenn alle Schüler richtig in der Reihe stehen.
Bei einer großen Lerngruppe können Sie mehrere Runden spielen, damit jeder Schüler mindestens einmal eine Karte bekommt.

Erarbeitung

ca. 25 Minuten
Teilen Sie das Material „Gefühle-Domino" aus. Die Schüler schneiden zunächst ihr eigenes Domino-Spiel aus. Anschließend spielen sie gemeinsam mit einem Partner Domino (mit einem Kartensatz). Schülerpaare, die fertig gespielt haben, nehmen sich das Arbeitsblatt „Was ist los mit dir?" und bearbeiten es.
Schüler, die vor der Zeit mit allen Aufgaben fertig sind, können ein weiteres Mal Domino spielen.

Abschlussphase

ca. 10 Minuten
Schicken Sie zwei Schüler als „Spieler" vor die Tür. Die übrigen Schüler finden sich zu Paaren zusammen. Jedes Paar einigt sich auf ein Gefühl, das es durch einen Gesichtsausdruck und eventuell dazu passende Körperhaltung darstellt, die sie bei Aufforderung einnehmen können. Danach sollen die Schüler sich mischen, sodass sie nicht mehr neben ihrem Partner stehen.
Rufen Sie die Spieler herein. Sie stellen sich vor die Klasse. Spieler 1 fordert zwei Schüler auf, ihr Gefühl darzustellen. Hat Spieler 1 ein Paar gefunden, stellen die Schüler des Paares sich hinter ihn und er ist noch einmal dran. Ansonsten ist Spieler 2 an der Reihe. Gewonnen hat derjenige, der die meisten Paare gefunden hat. Spielen Sie je nach Zeit mehrere Runden.

> **Tipp**
> Sind Ihre Schüler schon etwas fitter im Deutschen, können Sie auch einen Satz zum Gefühl formulieren (z. B.: „Ich bin hungrig, weil ich heute Morgen nicht gefrühstückt habe.").

Gefühle-Domino

START .... glücklich

Abb.: Norbert Höveler .... traurig

Abb.: Norbert Höveler .... böse

Abb.: Norbert Höveler .... stolz

Abb.: Norbert Höveler .... gelangweilt

Abb.: Norbert Höveler .... müde

Abb.: Norbert Höveler .... ängstlich

Abb.: Norbert Höveler .... aufgeregt

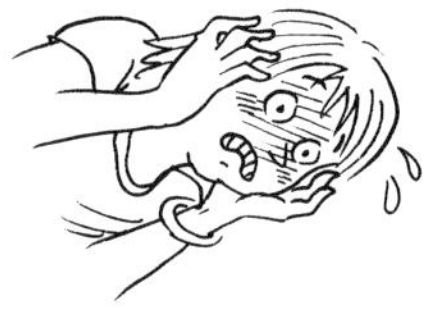

Abb.: Norbert Höveler .... verliebt

Abb.: Norbert Höveler .... angewidert

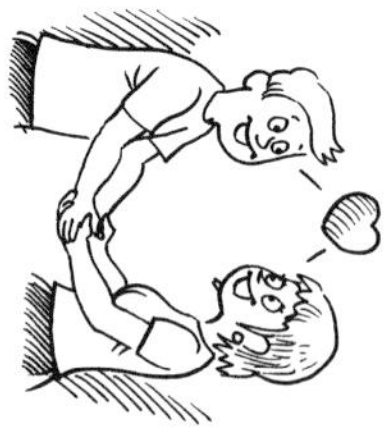

Abb.: Norbert Höveler .... hungrig

Abb.: Norbert Höveler .... ENDE

Was ist los mit dir?

Aufgabe

1. Lies die Sätze durch und verbinde die Teile, die zusammengehören.

2. Schreibe unter die Bilder, wie die Jungen und Mädchen heißen.

Tino: Ich bin traurig, weil …	… meine Mannschaft gewonnen hat.
Ahmet: Ich bin glücklich, weil …	… mein Bruder mich geärgert hat.
Selma: Ich bin stolz, weil …	… ich nicht weiß, was ich machen soll.
Esra: Ich bin böse, weil …	… mein Vogel gestorben ist.
Cem: Ich bin gelangweilt, weil …	… Carlo in der Nase bohrt.
Elham: Ich bin müde, weil …	… ich eine „Eins" geschrieben habe.
Mirjam: Ich bin verliebt …	… ich gestern zu spät ins Bett gegangen bin.
Carlo: Ich bin aufgeregt, weil …	… wir gleich in den Urlaub fahren.
Anna: Ich bin angewidert, weil …	… in Cem.

		 ZEUGNIS 1 2 1 1 1
Name:	Name:	Name:

Name:	Name:	Name:

Name:	Name:	Name:

Abb.: Norbert Höveler

MINI-EINHEIT: In der Schule

In dieser Einheit, die sich über vier Stunden erstreckt, geht es um folgende Themen:

- **Stunde 8:** Höflichkeitsformen
- **Stunde 9:** Schulsachen und Stundenplan
- **Stunde 10:** Uhrzeiten
- **Stunde 11:** Räume und Mitarbeiter in der Schule

Mit dieser Einheit sollen die Schüler die Grundlagen erlernen, um sich in der Schule zu orientieren und sich zurechtzufinden. Dazu gehört es, dass sie Räume und Mitarbeiter kennen, dass sie wissen, wann eine Stunde beginnt und endet und welche Materialien für welches Fach benötigt werden. Höflichkeitsformen, wie: „bitte", „danke" und das Siezen von Erwachsenen, sind zwar keine Notwendigkeit, um im Schulalltag überleben zu können, aber sie werden von der Gesellschaft erwartet und sind daher ein wichtiger Schritt zur Integration.

Weiterführende Anregungen

- Fotografieren Sie die Räume und Mitarbeiter der Schule und gestalten Sie mit den Schülern ein Plakat.
- Lassen Sie die Schüler einen Raumplan der Schule erstellen.
- Kommen Sie mit den Schülern darüber ins Gespräch, wie die Schulen in ihren Herkunftsländern aussahen (sofern die Schüler eine Schule besucht haben). Schauen Sie Filme über Schulen in anderen Ländern an.
- Üben Sie die Uhrzeit mit verschiedenen Lernspielen.

Höflichkeitsformen

Darum geht's

In dieser Stunde setzen sich die Schüler mit Höflichkeitsformen auseinander. Sie lernen die Bedeutung der Begriffe und ihre Anwendung.

Kompetenzerwartungen

Die Schüler …

- kennen die Höflichkeitsformen „Bitte", „Danke" und „Entschuldigung"
- wissen, wen man siezt bzw. duzt

Material

- Arbeitsblatt A „Bitte, Danke oder Entschuldigung"
- Arbeitsblatt B „Du oder Sie? Deine oder Ihre?"

Vorbereitung

Kopieren Sie die Arbeitsblätter A „Bitte, Danke oder Entschuldigung" und B „Du oder Sie? Deine oder Ihre?" jeweils in Klassenstärke. Überlegen Sie sich Erklärungen für die Verwendung der Begriffe „Bitte", „Danke" und „Entschuldigung".

Stundenverlauf

Einstieg

ca. 10 Minuten
Schreiben Sie die Begriffe „Bitte", „Danke" und „Entschuldigung" an die Tafel. Holen Sie einzelne Schülerpaare nach vorn und zeigen Sie ihnen jeweils eine Abbildung auf dem Arbeitsblatt A „Bitte, Danke oder Entschuldigung". Fordern Sie die Schüler auf, die dargestellte Szene als Standbild nachzuahmen. Fragen Sie die anderen Schüler, worum es in dem Standbild gehen könnte und welche Höflichkeitsform angewendet werden müsste.

Erarbeitung

ca. 20 Minuten
Die Schüler bearbeiten in Partnerarbeit zunächst das Arbeitsblatt A „Bitte, Danke oder Entschuldigung" und anschließend das Arbeitsblatt B „Du oder Sie? Deine oder Ihre?". Bevor die Schüler beginnen, gehen Sie die Aufgabenstellungen auf beiden Arbeitsblättern mit den Schülern durch und klären ggf. Fragen zu den Aufgaben oder einzelnen Wörtern. Schnelle Schüler, die mit allen Aufgaben fertig sind, denken sich mit einem Partner eigene Situationen aus und üben Dialoge ein.

Abschlussphase

ca. 15 Minuten
Bitten Sie mehrere Schüler, ihre gemalten Situationsbilder aus der Aufgabe 3 des Arbeitsblattes A „Bitte, Danke oder Entschuldigung" der Klasse zu zeigen und dazu zu erzählen. Fordern Sie mehrere Schülerpaare auf, nach vorn zu kommen und eine Situation vorzuspielen. Es können auch zwei Schüler die Situation, die ein anderer Schüler gemalt und vorgestellt hat, in einem Standbild nachahmen. Wenn noch Zeit übrig ist, lassen sie die schnellen Schüler Dialoge vorstellen.

A: Bitte, Danke oder Entschuldigung

Aufgabe

1. Wann sagt man „Bitte“, „Danke“ oder „Entschuldigung“? Sieh dir die Bilder an und verbinde.

2. Überlege dir eine eigene Situation, in der man „Bitte“, „Danke“ oder „Entschuldigung“ sagt. Male ein Bild in den Kasten.

Abb.: Norbert Höveler

 © Verlag an der Ruhr | Nina Wilkening | ISBN 978-3-8346-3803-8 | www.verlagruhr.de Abb.: © Norbert Höveler

B: Du oder Sie? Deine oder Ihre?

Zu Erwachsenen, mit denen man nicht verwandt oder befreundet ist, sagt man **„Sie"**.
Zu Freunden und Verwandten sagt man **„du"**.

Aufgabe

Schreibe auf, was man sagen muss.

Situation	Das muss man sagen
Ayşes Vater hat seinen Schlüssel verloren.	*Ayşe sagt: „Papa, du hast deinen Schlüssel verloren."*
Ayşes Lehrer, Herr Müller, hat seinen Schlüssel verloren.	*Ayşe sagt: „Herr Müller, Sie haben Ihren Schlüssel verloren."*
Milan fragt seinen Bruder, wie es ihm geht.	
Milan fragt seinen Nachbarn, Herrn Özil, wie es ihm geht.	
Pedro will von einem fremden Herrn wissen, wie spät es ist.	
Pedro will von seiner Oma wissen, wie spät es ist.	
Anna fragt ihre Mutter, ob sie ihr ein Taschentuch geben kann.	
Anna fragt ihre Lehrerin, Frau Botha, ob sie ihr ein Taschentuch geben kann.	

Schulsachen und Stundenplan

Darum geht's

Die Schüler setzen sich mit Schulsachen auseinander und wiederholen die Farben, indem sie ihre eigenen Schulsachen beschreiben. Außerdem lesen und erfassen sie Stundenpläne.

Kompetenzerwartungen

Die Schüler …
- kennen Begriffe für Schulsachen
- können sich im Stundenplan orientieren

Material

- Material „Schulsachen-Bingo"
- Arbeitsblatt A „Tintenklecks-Rätsel"
- Arbeitsblatt B „Stundenplan-Spiel"

Vorbereitung

Kopieren Sie das Material „Schulsachen-Bingo" und die beiden Arbeitsblätter A „Tintenklecks-Rätsel" und B „Stundenplan-Spiel" in Klassenstärke.

Stundenverlauf

Einstieg

ca. 10 Minuten
Teilen Sie zunächst das Material „Schulsachen-Bingo" aus. Die Schüler schneiden alle Karten aus, wählen aber nur neun Karten aus, die sie in die Vorlage legen. Die übrigen Karten werden vorerst nicht mehr gebraucht. Lesen Sie nacheinander alle Gegenstände vor. Die Schüler, die einen Treffer haben, markieren diesen. Wer eine Reihe markiert hat (jeweils drei Kästchen nebeneinander; senkrecht, waagrecht oder diagonal), ruft „Bingo". Es können mehrere Runden gespielt werden. Dabei ändern die Schüler die Karten in ihrer Bingo-Vorlage.

Erarbeitung

ca. 25 Minuten
Teilen Sie die Arbeitsblätter A „Tintenklecks-Rätsel" und B „Stundenplan-Spiel" aus.
Die Schüler bearbeiten in Partnerarbeit das Arbeitsblatt A „Tintenklecks-Rätsel". Schreiben Sie währenddessen die Fächer, die Ihre Schüler haben, zur Orientierung der Schüler für das Arbeitsblatt B an die Tafel. Anschließend werden die Ergebnisse von Arbeitsblatt A im Plenum verglichen. Danach bearbeiten die Schüler in Partnerarbeit das Arbeitsblatt B „Stundenplan-Spiel" und nehmen dazu die von Ihnen an die Tafel geschriebenen Fächer zu Hilfe.

Abschlussphase

ca. 10 Minuten
Spielen Sie mit den Schülern das "Haus vom Nikolaus"-Spiel mit den Vokabeln der Schulsachen und Fächer. Wählen Sie einen Begriff aus und ziehen Sie für jeden Buchstaben des Begriffes einen kurzen waagrechten Strich an der Tafel. Die Schüler nennen Ihnen nun verschiedene Buchstaben aus dem Alphabet. Kommt ein genannter Buchstabe im Wort vor, schreiben Sie ihn auf die Striche. Errät ein Schüler den Begriff, darf er sich einen Begriff ausdenken und die Striche dafür an der Tafel ziehen. Kommt ein Buchstabe nicht vor, ziehen Sie einen Strich des Hauses vom Nikolaus. Wenn die Schüler den Begriff nicht erraten haben, bevor das Haus vollständig ist, lösen Sie auf. Eine einfachere Variante ist folgende: Lassen Sie lediglich, wie beim Tintenklecks-Rätsel, ein paar Lücken frei (Füllhalter → _ _ ll_ _ _ t _ _). Schreiben Sie nach und nach mehr Buchstaben dazu (z. B. _ üllh_ _t _ r), bis die Schüler den Begriff erraten haben.

Schulsachen – Bingo

A: Tintenklecks-Rätsel

Aufgaben

1. Wie heißen diese Schulsachen? Schreibe sie richtig auf.

1. Lin ☁☁ l ....
2. Sch ☁ lta ☁☁☁ e ....
3. ☁ üllhal ☁☁☁ ....
4. An ☁☁ itzer ....
5. ☁☁☁ dreieck ....
6. F ☁ rbka ☁☁ en ....
7. Bl ☁☁ stift ....
8. ☁☁ diergum ☁☁ ....
9. Klebst ☁ ff ....
10. Sch ☁ re ....

2. Welche Farben haben deine Schulsachen? Schreibe auf.

1. Mein Lineal ist blau .
2. Meine Schultasche ist ....
3. Mein Füllhalter ist ....
4. Mein Anspitzer ist ....
5. Mein Geodreieck ist ....
6. Mein Farbkasten ist ....
7. Mein Bleistift ist ....
8. Mein Radiergummi ist ....
9. Mein Klebstoff ist ....
10. Meine Schere ist ....

Abb.: © Verlag an der Ruhr

B: Stundenplan-Spiel

Aufgaben

1. **Denke dir einen Stundenplan aus. Trage ihn in Plan A ein. Montag bis Freitag gibt es von der ersten bis zur sechsten Stunde Unterricht, an zwei Tagen gibt es zusätzlich auch nachmittags Unterricht. Benutze die Fächer von der Tafel.**
2. **Spiele mit deinem Partner das Spiel.**
   Frage deinen Partner: „Ist am Montag in der ersten Stunde Deutsch?"
   Sagt dein Partner „Ja", schreibe „Deutsch" an die richtige Stelle in Plan B und frage weiter.
   Sagt dein Partner „Nein", bist du fertig. Nun fragt dich dein Partner.
   Das Spiel ist beendet, wenn der erste Stundenplan komplett erraten wurde.

Plan A (Mein Plan):

	Montag	Dienstag	Mittwoch	Donnerstag	Freitag
1					
2					
3					
4					
5					
6					
7					
8					

Plan B (Der Plan von meinem Partner):

	Montag	Dienstag	Mittwoch	Donnerstag	Freitag
1					
2					
3					
4					
5					
6					
7					
8					

Uhrzeiten

Darum geht's

Die Stunde dient dazu, digitale und analoge Uhrzeiten miteinander in Verbindung zu bringen und die jeweiligen Uhrzeiten lesen zu können.

Kompetenzerwartungen

Die Schüler ...
- können Uhrzeiten auf Digital- und Analoguhren einander zuordnen
- können Uhrzeiten lesen

Material

- Material „Uhrzeiten-Paarsuche"
- Material „Uhrzeiten-Brettspiel"
- Würfel, Spielfiguren

Vorbereitung

Kopieren Sie das Material „Uhrzeiten-Paarsuche" und schneiden Sie die 20 Karten aus. Sind in Ihrer Klasse mehr als 20 Schüler, kopieren Sie das Material ein weiteres Mal und schneiden Sie die noch fehlenden Karten aus, sodass jeder Schüler der Klasse eine Karte bekommt. Stellen Sie dabei sicher, dass es zu jeder Karte mit Analoguhr eine passende Karte mit Digitaluhr gibt.
Stellen Sie für die Erarbeitungsphase jeweils in Klassenstärke die Spiele bereit:
- Uhrzeiten-Paarsuche
- Uhrzeiten-Brettspiel, dazu genügend Würfel und Spielfiguren

Stundenverlauf

Einstieg

ca. 10 Minuten
Verteilen Sie je eine Karte des Materials „Uhrzeiten-Paarsuche" an die Schüler. Auf Ihr Kommando gehen die Schüler im Klassenzimmer herum und suchen ihren Partner, indem sie ihre Uhrzeit laut sagen. Wenn sich die Partner gefunden haben, stellen sie sich paarweise vor der Tafel auf. Kontrollieren Sie gemeinsam, ob sich die richtigen Partner gefunden haben, indem sie die Uhrzeiten noch einmal laut sagen.

Erarbeitung

ca. 25 Minuten
Die Schüler arbeiten in Partnerarbeit. Jedes Schülerpaar wählt selbstständig aus, mit welchem Arbeitsblatt es beginnt:
- Uhrzeiten-Paarsuche: Die Schüler schneiden die Karten des Materials „Uhrzeiten-Paarsuche" aus und legen sie anschließend verdeckt vor sich. Sie spielen das Spiel nach den Memory-Regeln. Sind den Schülern diese nicht bekannt, erläutern Sie sie ihnen vorab.
- Uhrzeiten-Brettspiel: Die Schüler spielen das Würfelspiel des Materials „Uhrzeiten-Brettspiel" gegeneinander. Wenn man ein Feld betritt, muss man das Feld mit der dazugehörigen Digital- bzw. Analoguhr finden, laut vorlesen und die Spielfigur dorthin setzen, d.h., man darf entweder vorrücken oder muss zurückgehen. Gewonnen hat, wer als Erster das ZIEL erreicht.

Abschlussphase

ca. 10 Minuten
Teilen Sie die Klasse in zwei bis vier Mannschaften auf, die gegeneinander antreten. Halten Sie eine Karte des Materials „Uhrzeiten-Paarsuche" hoch. Wer als Erstes die Uhrzeit fehlerfrei sagen kann, dessen Mannschaft bekommt einen Punkt. Die Mannschaft, die als Erstes 5 Punkte erreicht hat, hat gewonnen.

Uhrzeiten-Paarsuche

Uhrzeiten-Brettspiel

Spielregeln

Stellt eure Spielfiguren auf START. Würfelt und setzt eure Figur auf das entsprechende Feld. Lest die Uhrzeit des Feldes laut vor. Sucht nach dem passenden analogen oder digitalen Bild und rückt dafür vor oder zurück. Dann ist der Nächste an der Reihe. Um ins ZIEL zu gelangen, muss man am Ende eine Eins würfeln.

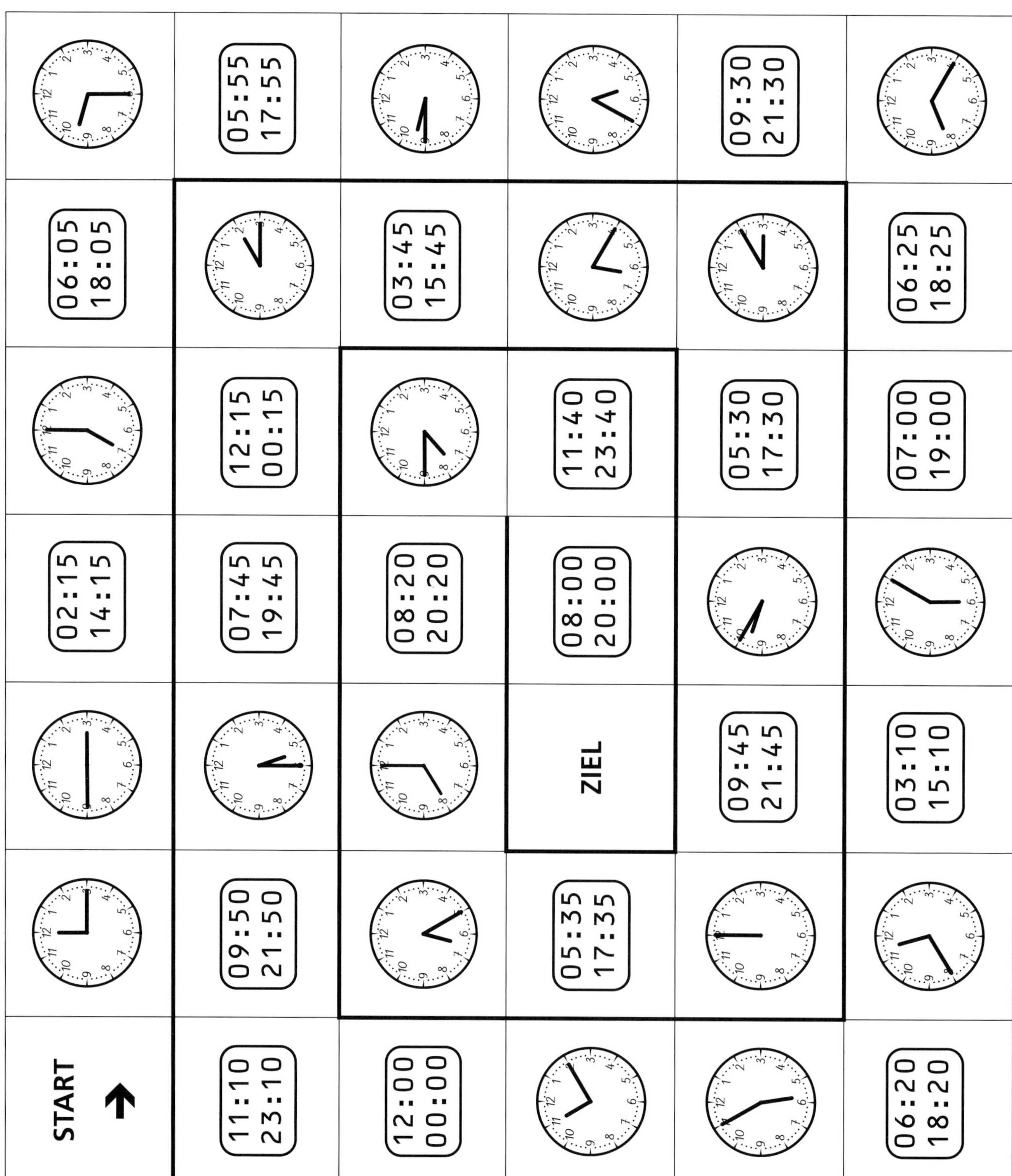

Abb.: © Verlag an der Ruhr

Räume und Mitarbeiter in der Schule

Darum geht's

In dieser Stunde setzen sich die Schüler mit dem Schulgebäude, den verschiedenen Räumen und Mitarbeitern auseinander.

Kompetenzerwartungen

Die Schüler …

- kennen Begriffe für wichtige Räumlichkeiten in der Schule
- kennen Begriffe für die Mitarbeiter in der Schule
- können sich in ihrer Schule orientieren

Material

- Arbeitsblatt A „Räume in der Schule"
- Arbeitsblatt B „Wer macht hier was?"

Vorbereitung

Kopieren Sie die beiden Arbeitsblätter A „Räume in der Schule" und B „Wer macht hier was?" jeweils in Klassenstärke.
Schreiben Sie für jeden Raum, der in Ihrer Schule wichtig ist, eine kleine Karte (ca. DIN-A6) mit der Bezeichnung des Raumes und der Raumnummer. Nummerieren Sie die Karten, sodass sich eine sinnvolle Reihenfolge für einen Spaziergang durch das Schulhaus ergibt. Wenn möglich, sollte die Anzahl der Karten mit der Anzahl der Schüler (alternativ Schülerpaare) übereinstimmen.

Stundenverlauf

Einstieg

ca. 10 Minuten
Schreiben Sie folgende Begriffe an die Tafel: *Sporthalle, Schulleiter-Büro, Sekretariat, Mensa, Aula, Toiletten, Bibliothek, Hausmeisterbüro, Lehrerzimmer, Klassenraum, Computerraum, Pausenhof.*

Erklären Sie die Begriffe bzw. bitten Sie etwas weiter fortgeschrittene Schüler, die Begriffe für alle verständlich zu erklären.

Erarbeitung

ca. 15 Minuten
Die Schüler bearbeiten die Arbeitsblätter in Partnerarbeit. Sie beginnen mit dem Arbeitsblatt A „Räume in der Schule" und bearbeiten danach das Arbeitsblatt B „Wer macht hier was?". Die Ergebnisse werden im Plenum verglichen. Dabei werden auch noch eventuell auftretende Fragen zu Vokabeln geklärt.

Abschlussphase

ca. 20 Minuten
Verteilen Sie die vorbereiteten Karten an die Schüler. Bitten Sie die Schüler, nacheinander die Klasse auf dem kürzesten Weg zu den einzelnen Räumen zu führen. Wenn die Räume leer sind, geben Sie Ihren Schülern kurz Zeit, in den Raum zu gehen und sich umzuschauen, falls sie noch nicht alle Räume kennen. Besprechen Sie bei jedem Raum, was das Besondere an diesem Raum ist, und falls die Räume besetzt sind, wie die Räume von innen aussehen.

A: Räume in der Schule

◎ Aufgabe

Schreibe die Namen der Räume auf.

1		7	
2		8	
3		9	
4		10	
5		11	
6		12	

Abb.: Norbert Höveler

 © Verlag an der Ruhr | Nina Wilkening | ISBN 978-3-8346-3803-8 | www.verlagruhr.de

B: Wer macht hier was?

Ich bin eine Mitarbeiterin. Ich verteile in der Mensa das Mittagessen.

Ich bin die Schulleiterin, also die Chefin hier.

Ich bin Sportlehrer. Beim Fußball schwitzen alle.

Ich bin die Sekretärin.

Ich bin Bibliothekar. Ich verwalte die Bücher für alle.

Ich bin der Hausmeister. Ich repariere alles.

◎ Aufgaben

1. **Lies die Sprechblasen.**
2. **Sieh dir die Bilder an.**
3. **Zu jeder Sprechblase gehört ein Bild. Verbinde die Bilder mit den passenden Sprechblasen.**
4. **Schreibe zu jeder Person den Beruf und den Arbeitsort auf.**

Name	Beruf	Arbeitsort
Frau Müller	Sekretärin	Sekretariat

Abb.: Norbert Höveler

MINI-EINHEIT: Zu Hause

In dieser Einheit, die sich über vier Stunden erstreckt, geht es um folgende Themen:

- **Stunde 12:** Kalender – Welcher Tag ist heute?
- **Stunde 13:** Tagesablauf
- **Stunde 14:** Zu Hause
- **Stunde 15:** Tätigkeiten im Haushalt

Zunächst lernen die Schüler in Stunde 12 die Namen für Monate und Wochentage kennen. In Stunde 13 wird ein Tag genauer betrachtet und der Tagesablauf besprochen. Die Schüler lernen Vokabeln für Tageszeiten (z. B. morgens, vormittags…). Da sich Jugendliche über einen großen Zeitraum ihrer Tages- und Wochenzeit zu Hause aufhalten, geht es in Stunde 14 darum, sich zu Hause zu orientieren und Begriffe für Gegenstände, die sich im Haus befinden, kennenzulernen bzw. zu festigen. Die Abschlussstunde dieser Einheit beschäftigt sich mit Tätigkeiten, die zu Hause durchgeführt werden können bzw. müssen.

Weiterführende Anregungen

- Erstellen Sie mit den Schülern einen Geburtstagskalender. Dabei ist allerdings zu beachten, dass der Geburtstag nicht in jedem Land gefeiert wird.
- Besorgen Sie sich im Internet einen interkulturellen Kalender und untersuchen Sie mit den Schülern, welche Feste in den verschiedenen Religionen gefeiert werden. Kommen Sie mit den Schülern darüber ins Gespräch, welche Feste in ihren Familien und Herkunftskulturen gefeiert werden.
- Bitten Sie die Schüler, Tagesabläufe Ihrer Eltern, Verwandten, Freunde oder Nachbarn zu erstellen. Vergleichen Sie gemeinsam, wie unterschiedlich ein Tag ablaufen kann, je nachdem, ob man arbeitslos ist oder ob und was man arbeitet, ob man allein oder mit kleinen Kindern zu Hause ist.
- Versuchen Sie, mit den Schülern darüber ins Gespräch zu kommen, wie ihr Tagesablauf im Herkunftsland aussah. Vielleicht haben Sie Schüler in Ihrer Klasse, die im Herkunftsland keine Schule besuchen durften, weil sie arbeiten mussten.
- Werden Sie praktisch tätig und probieren Sie verschiedene Haushaltsgeräte aus: kochen oder backen Sie mit den Schülern. Erproben Sie, wie und wo man verschiedene Putzgeräte und -utensilien (Staubsauger, Handfeger und Kehrblech, Besen, Lappen etc.) richtig einsetzt. Erstellen Sie eventuell auch Putzpläne, die es den Schülern ermöglichen, ihre Eltern zu Hause zu unterstützen.

Kalender – Welcher Tag ist heute?

Darum geht's

Im Mittelpunkt dieser Unterrichtsstunde stehen die Wochentage und Monate. Die Schüler lernen die Begriffe und den Umgang mit dem Kalender. Dabei werden auch Ferien und Feiertage berücksichtigt.

Kompetenzerwartungen

Die Schüler …

- kennen die Begriffe für die Wochentage und Monate
- kennen Feiertage
- sind sicher im Umgang mit dem Kalender

Material

- Material A „Laurentia"
- Material B „Kalender-Spiel"
- 1 Computer mit Internetverbindung
- Spielfiguren, Würfel
- Übersicht über die Ferien in Ihrem Bundesland im Jahr 2019

Vorbereitung

Kopieren Sie das Material A „Laurentia" im Klassensatz. Kopieren Sie das Material B „Kalender-Spiel", welches aus zwei Seiten besteht, auf DIN-A3-Größe für jede Gruppe. Kopieren Sie beide Seiten des Materials B „Kalender-Spiel" außerdem für jeden Schüler auf DIN-A4-Größe.
Besorgen Sie sich eine Übersicht über die Ferientage in Ihrem Bundesland im Jahr 2019.

Stundenverlauf

Einstieg

ca. 10 Minuten
Schreiben Sie die Namen der Wochentage untereinander an die Tafel und üben Sie sie kurz mit den Schülern, falls diese sie noch nicht kennen. Suchen Sie bei YouTube nach „Laurentia" und spielen Sie den Schülern das Lied vor. Verteilen Sie das Material A „Laurentia" und singen Sie anschließend gemeinsam mit den Schülern. Jedes Mal, wenn „Laurentia" oder einer der Wochentage gesungen wird, stehen alle kurz auf und setzen sich sofort wieder hin.
Lustig wird es, wenn am Wochenende erst langsam und dann immer schneller gesungen wird.

Erarbeitung

ca. 25 Minuten
Die Schüler spielen in Paaren oder Kleingruppen mit maximal vier Personen das „Kalender-Spiel". Dazu werden die Spielfiguren und Würfel gebraucht. Die Schüler würfeln abwechselnd und sagen den Wochentag laut auf, auf dem sie mit ihrer Spielfigur gelandet sind, und notieren diesen auf einem Blatt. Wer als Erster alle sieben Wochentage beisammen hat, hat gewonnen.
Schreiben Sie währenddessen die Daten der Ferien in Ihrem Bundesland im Jahr 2019 an die Tafel. Schüler, die das Spiel beendet haben, nehmen sich die A4-Materialien des Spiels von Ihrem Pult und markieren alle Ferientage farblich. Anschließend zählen sie, wie viele freie Tage und wie viele Schultage es im Jahr 2019 gab.

Abschlussphase

ca. 10 Minuten
Teilen Sie die Klasse in zwei bis vier Mannschaften. Jeder Spieler muss einen Kalender vor sich liegen haben. Befragen Sie die Schüler nach dem Wochentag für ein bestimmtes Datum (z. B. „Welcher Wochentag ist am 23. Juni?"). Wer die Antwort weiß, darf sie laut rufen. Die Mannschaft, die die richtige Antwort zuerst gerufen hat, hat gewonnen. Notieren Sie für diese Mannschaft einen Punkt. Die Mannschaft hat gewonnen, die nach einer von Ihnen festgelegten Anzahl von Runden die meisten Punkte hat.
Sollten Sie noch Zeit übrighaben, können Sie ein weiteres Mal „Laurentia" singen.

A: Laurentia

Laurentia, liebe Laurentia mein,
wann wollen wir wieder beisammen sein?
Am Montag!
Ach, wenn es doch schon wieder Montag wär
und ich bei meiner Laurentia wär, Laurentia wär.

Laurentia, liebe Laurentia mein,
wann wollen wir wieder beisammen sein?
Am Dienstag!
Ach, wenn es doch schon wieder Montag, Dienstag wär
und ich bei meiner Laurentia wär, Laurentia wär.

Laurentia, liebe Laurentia mein,
wann wollen wir wieder beisammen sein?
Am Mittwoch!
Ach, wenn es doch schon wieder Montag, Dienstag, Mittwoch wär
und ich bei meiner Laurentia wär, Laurentia wär.

Laurentia, liebe Laurentia mein,
wann wollen wir wieder beisammen sein?
Am Donnerstag!
Ach, wenn es doch schon wieder Montag, Dienstag, Mittwoch,
Donnerstag wär
und ich bei meiner Laurentia wär, Laurentia wär.

Laurentia, liebe Laurentia mein,
wann wollen wir wieder beisammen sein?
Am Freitag!
Ach, wenn es doch schon wieder Montag, Dienstag, Mittwoch,
Donnerstag, Freitag wär
und ich bei meiner Laurentia wär, Laurentia wär.

Laurentia, liebe Laurentia mein,
wann wollen wir wieder beisammen sein?
Am Samstag!
Ach, wenn es doch schon wieder Montag, Dienstag, Mittwoch,
Donnerstag, Freitag, Samstag wär
und ich bei meiner Laurentia wär, Laurentia wär.

Laurentia, liebe Laurentia mein,
wann wollen wir wieder beisammen sein?
Am Sonntag!
Ach, wenn es doch schon wieder Montag, Dienstag, Mittwoch,
Donnerstag, Freitag, Samstag, Sonntag wär
und ich bei meiner Laurentia wär, Laurentia wär.

Quelle: www.liederprojekt.org/lied30245-Laurentia.html

Abb.: Norbert Höveler

 © Verlag an der Ruhr | Nina Wilkening | ISBN 978-3-8346-3803-8 | www.verlagruhr.de

B: Kalender-Spiel

START

Kalenderpedia
Informationen zum Kalender

Januar	Februar	März	April	Mai	Juni
1 Di Neujahr 1	1 Fr	1 Fr	1 Mo 14	1 Mi Tag der Arbeit	1 Sa
2 Mi	2 Sa	2 Sa	2 Di	2 Do	2 So
3 Do	3 So	3 So	3 Mi	3 Fr	3 Mo 23
4 Fr	4 Mo 6	4 Mo Rosenmontag 10	4 Do	4 Sa	4 Di
5 Sa	5 Di	5 Di	5 Fr	5 So	5 Mi
6 So Heilige Drei Könige	6 Mi	6 Mi	6 Sa	6 Mo 19	6 Do
7 Mo 2	7 Do	7 Do	7 So	7 Di	7 Fr
8 Di	8 Fr	8 Fr	8 Mo 15	8 Mi	8 Sa
9 Mi	9 Sa	9 Sa	9 Di	9 Do	9 So Pfingsten
10 Do	10 So	10 So	10 Mi	10 Fr	10 Mo Pfingstmontag 24
11 Fr	11 Mo 7	11 Mo 11	11 Do	11 Sa	11 Di
12 Sa	12 Di	12 Di	12 Fr	12 So Muttertag	12 Mi
13 So	13 Mi	13 Mi	13 Sa	13 Mo 20	13 Do
14 Mo 3	14 Do	14 Do	14 So	14 Di	14 Fr
15 Di	15 Fr	15 Fr	15 Mo 16	15 Mi	15 Sa
16 Mi	16 Sa	16 Sa	16 Di	16 Do	16 So
17 Do	17 So	17 So	17 Mi	17 Fr	17 Mo 25
18 Fr	18 Mo 8	18 Mo 12	18 Do	18 Sa	18 Di
19 Sa	19 Di	19 Di	19 Fr Karfreitag	19 So	19 Mi
20 So	20 Mi	20 Mi	20 Sa	20 Mo 21	20 Do Fronleichnam
21 Mo 4	21 Do	21 Do	21 So Ostern	21 Di	21 Fr
22 Di	22 Fr	22 Fr	22 Mo Ostermontag 17	22 Mi	22 Sa
23 Mi	23 Sa	23 Sa	23 Di	23 Do	23 So
24 Do	24 So	24 So	24 Mi	24 Fr	24 Mo 26
25 Fr	25 Mo 9	25 Mo 13	25 Do	25 Sa	25 Di
26 Sa	26 Di	26 Di	26 Fr	26 So	26 Mi
27 So	27 Mi	27 Mi	27 Sa	27 Mo 22	27 Do
28 Mo 5	28 Do	28 Do	28 So	28 Di	28 Fr
29 Di		29 Fr	29 Mo 18	29 Mi	29 Sa
30 Mi		30 Sa	30 Di	30 Do Himmelfahrt	30 So
31 Do		31 So Beginn der Sommerzeit		31 Fr	

© Kalenderpedia® www.kalenderpedia.de

Angaben ohne Gewähr

B: Kalender-Spiel

Kalender*pedia*
Informationen zum Kalender

Juli	August	September	Oktober	November	Dezember
1 Mo 27	1 Do	**1 So**	1 Di	1 Fr Allerheiligen	**1 So** 1. Advent
2 Di	2 Fr	2 Mo 36	2 Mi	**2 Sa**	2 Mo 49
3 Mi	**3 Sa**	3 Di	**3 Do Tag der Dt. Einheit**	**3 So**	3 Di
4 Do	**4 So**	4 Mi	4 Fr	4 Mo 45	4 Mi
5 Fr	5 Mo 32	5 Do	**5 Sa**	5 Di	5 Do
6 Sa	6 Di	6 Fr	**6 So**	6 Mi	6 Fr
7 So	7 Mi	**7 Sa**	7 Mo 41	7 Do	**7 Sa**
8 Mo 28	8 Do	**8 So**	8 Di	8 Fr	**8 So**
9 Di	9 Fr	9 Mo 37	9 Mi	**9 Sa**	9 Mo 50
10 Mi	**10 Sa**	10 Di	10 Do	**10 So**	10 Di
11 Do	**11 So**	11 Mi	11 Fr	11 Mo 46	11 Mi
12 Fr	12 Mo 33	12 Do	**12 Sa**	12 Di	12 Do
13 Sa	13 Di	13 Fr	**13 So**	13 Mi	13 Fr
14 So	14 Mi	**14 Sa**	14 Mo 42	14 Do	**14 Sa**
15 Mo 29	15 Do	**15 So**	15 Di	15 Fr	**15 So**
16 Di	16 Fr	16 Mo 38	16 Mi	**16 Sa**	16 Mo 51
17 Mi	**17 Sa**	17 Di	17 Do	**17 So**	17 Di
18 Do	**18 So**	18 Mi	18 Fr	18 Mo 47	18 Mi
19 Fr	19 Mo 34	19 Do	**19 Sa**	19 Di	19 Do
20 Sa	20 Di	20 Fr	**20 So**	20 Mi	20 Fr
21 So	21 Mi	**21 Sa**	21 Mo 43	21 Do	**21 Sa**
22 Mo 30	22 Do	**22 So**	22 Di	22 Fr	**22 So**
23 Di	23 Fr	23 Mo 39	23 Mi	**23 Sa**	23 Mo 52
24 Mi	**24 Sa**	24 Di	24 Do	**24 So**	24 Di Heiligabend
25 Do	**25 So**	25 Mi	25 Fr	25 Mo 48	**25 Mi 1. Weihnachtstag**
26 Fr	26 Mo 35	26 Do	**26 Sa**	26 Di	**26 Do 2. Weihnachtstag**
27 Sa	27 Di	27 Fr	**27 So** Ende der Sommerzeit	27 Mi	27 Fr
28 So	28 Mi	**28 Sa**	28 Mo 44	28 Do	**28 Sa**
29 Mo 31	29 Do	**29 So**	29 Di	29 Fr	**29 So**
30 Di	30 Fr	30 Mo 40	30 Mi	**30 Sa**	30 Mo 1
31 Mi	**31 Sa**		31 Do Reformationstag		31 Di Silvester

© Kalenderpedia® www.kalenderpedia.de Angaben ohne Gewähr

ENDE

Tagesablauf

Darum geht's

Die Schüler setzen sich mit Tageszeiten und einem Tagesablauf auseinander. Sie lernen, ihren eigenen Tagesablauf festzuhalten, aber auch den von anderen wiederzugeben.

Kompetenzerwartungen

Die Schüler ...

- kennen Begriffe für Tageszeiten
- können den eigenen Tagesablauf darstellen und von ihm berichten
- können den Tagesablauf von anderen wiedergeben

Material

- Arbeitsblatt A „Tagesablauf"
- Arbeitsblatt B „Mein Tagesablauf"
- 2 Folien, 1 Folienstift
- Overhead-Projektor

Vorbereitung

Kopieren Sie das Arbeitsblatt A „Tagesablauf" einmal auf Folie und legen Sie einen Folienstift bereit.
Kopieren Sie die Arbeitsblätter A „Tagesablauf" und B „Mein Tagesablauf" jeweils in Klassenstärke.
Kopieren Sie das Arbeitsblatt B „Mein Tagesablauf" einmal auf Folie und füllen Sie die Folie vorab mit Ihrem Tagesablauf als Beispiel aus.

Stundenverlauf

Einstieg

ca. 10 Minuten
Legen Sie die Folie von Arbeitsblatt A „Tagesablauf" auf. Besprechen Sie mit den Schülern die einzelnen Tageszeiten und Bilder. Sie sollten dabei sicherstellen, dass alle Schüler die Handlungen auf den Bildern verstehen. Lösen Sie gemeinsam die Aufgabe. Geben Sie den Schülern vor jeder Zeile Zeit, selbstständig zu überlegen, bevor Sie die Lösung mit der ganzen Klasse besprechen. Verteilen Sie den Schülern das Arbeitsblatt A „Tagesablauf" für ihre Unterlagen und als Orientierungshilfe für die folgende Erarbeitungsphase.

Erarbeitung

ca. 20 Minuten
Teilen Sie den Schülern das Arbeitsblatt B „Mein Tagesablauf" aus und besprechen Sie die Aufgabenstellung. Legen Sie die von Ihnen ausgefüllte Folie zum Arbeitsblatt B „Mein Tagesablauf" auf und stellen Sie den Schülern Ihren Tagesablauf vor. Dann stellt jeder Schüler seinen eigenen Tagesablauf schriftlich und bildlich auf dem Arbeitsblatt dar. Schüler, die diese Aufgabe erledigt haben, warten auf einen anderen Schüler, der fertig ist, und stellen diesem ihren Tagesablauf vor. Sie können die Aufgabe auch variieren, sodass die Schüler ihren Tagesablauf paarweise austauschen und dann den Tagesablauf des anderen nacherzählen.

Abschlussphase

ca. 15 Minuten
Treffen Sie sich mit den Schülern im Sitzkreis. Die Schüler stellen nacheinander allen Mitschülern ihren Tagesablauf vor, wobei sie das Blatt so halten sollten, dass alle die Bilder sehen können. Alternativ können Sie einen Stuhlhalbkreis bilden lassen. Die präsentierenden Schüler können dann ihren Tagesablauf an die Tafel hängen. Wenn genügend Platz ist, können Sie alle Tagesabläufe der Schüler an die Wand hängen, sodass die Schüler noch länger die Möglichkeit haben, sich die Tagesabläufe und die Bilder der anderen anzugucken.

A: Tagesablauf

Aufgabe

Sieh dir die Tabelle an und finde in jeder Zeile das falsche Bild.

morgens 	 12 Uhr		
vormittags 	 11 Uhr		
mittags 	 13 Uhr		
nachmittags 	 14 Uhr		
	 16 Uhr		
abends 	 18 Uhr		
	 21 Uhr		
nachts 	 22 Uhr		

Sonnen, Wolke, Mondsichel, Uhren: © Verlag an der Ruhr; alle anderen Abb.: Norbert Höveler

B: Mein Tagesablauf

Aufgaben

1. Was machst du den ganzen Tag? Schreibe und male.

2. Suche dir einen Partner und stelle ihm deinen Tagesablauf vor.

		Hier kannst du schreiben:	Hier kannst du malen:
morgens 	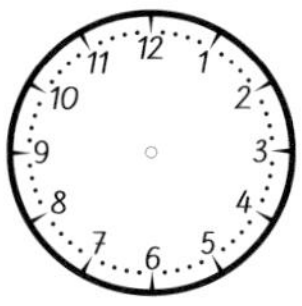		
vormittags 	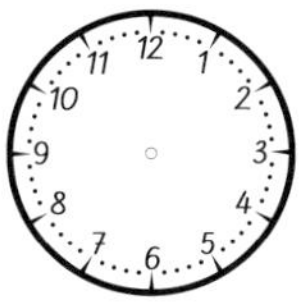		
mittags 	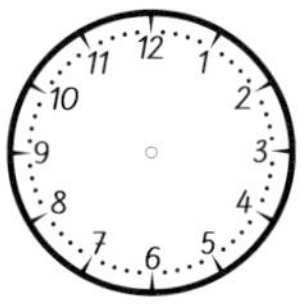		
nachmittags 	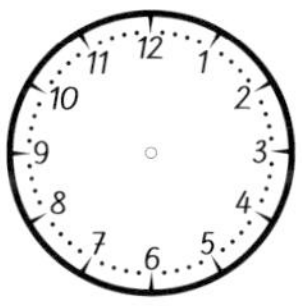		
	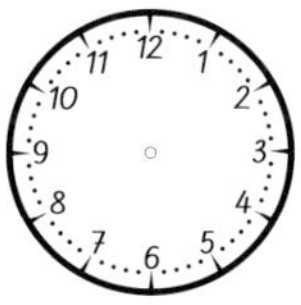		
abends 	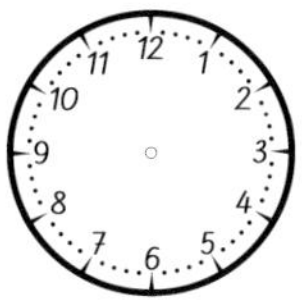		
	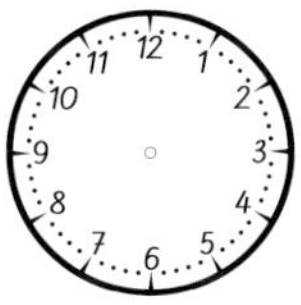		
nachts 	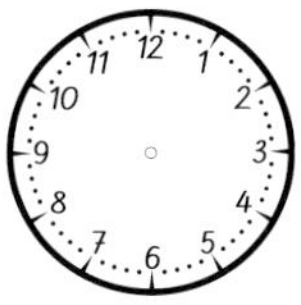		

Abb.: © Verlag an der Ruhr

Zu Hause

Darum geht's

Räume und Gegenstände in einem Haus kennenlernen und zuordnen können steht im Mittelpunkt dieser Stunde.

Kompetenzerwartungen

Die Schüler …
- kennen Begriffe für verschiedene Räume in einem Haus
- können bestimmte Gegenstände den Räumen zuordnen

Material
- Arbeitsblatt A „Im Haus und um das Haus herum"
- Arbeitsblatt B „Suchsel: Gegenstände zu Hause"
- Buntstifte in den Farben grün, blau, rot, gelb und braun

Vorbereitung

Kopieren Sie die Arbeitsblätter A „Im Haus und um das Haus herum" und B „Suchsel: Gegenstände zu Hause" jeweils in Klassenstärke.

Stundenverlauf

Einstieg

ca. 10 Minuten
Erklären Sie die Aufgabenstellung des Arbeitsblattes A „Im Haus und um das Haus herum". Erarbeiten Sie mit den Schülern zusammen im Plenum die ersten Sätze.

Erarbeitung

ca. 25 Minuten
Die Schüler bearbeiten das Arbeitsblatt A „Im Haus und um das Haus herum". Sie schreiben die Sätze in Einzelarbeit. Wenn sie fertig sind, lassen sie einzelne Schüler ihre Sätze laut im Plenum vorlesen und miteinander vergleichen. Anschließend bearbeiten sie in Partnerarbeit das Arbeitsblatt B „Suchsel: Gegenstände zu Hause". Leisten Sie ggf. Hilfestellung bei Verständnisfragen der Vokabeln und klären Sie aufkommende Fragen in der Klasse.

Abschlussphase

ca. 10 Minuten
In der Abschlussphase besprechen Sie gemeinsam das Arbeitsblatt B „Suchsel: Gegenstände zu Hause". Fragen Sie zusätzlich nach weiteren Beispielen für Gegenstände, die in bestimmten Räumen zu finden sind. Falls dann noch Zeit ist, können Sie die Schüler auch von ihrem Zuhause und den Räumen dort erzählen lassen.

A: Im Haus und um das Haus herum

Aufgabe

Sieh dir das Bild an und schreibe auf, wo sich die Personen befinden.

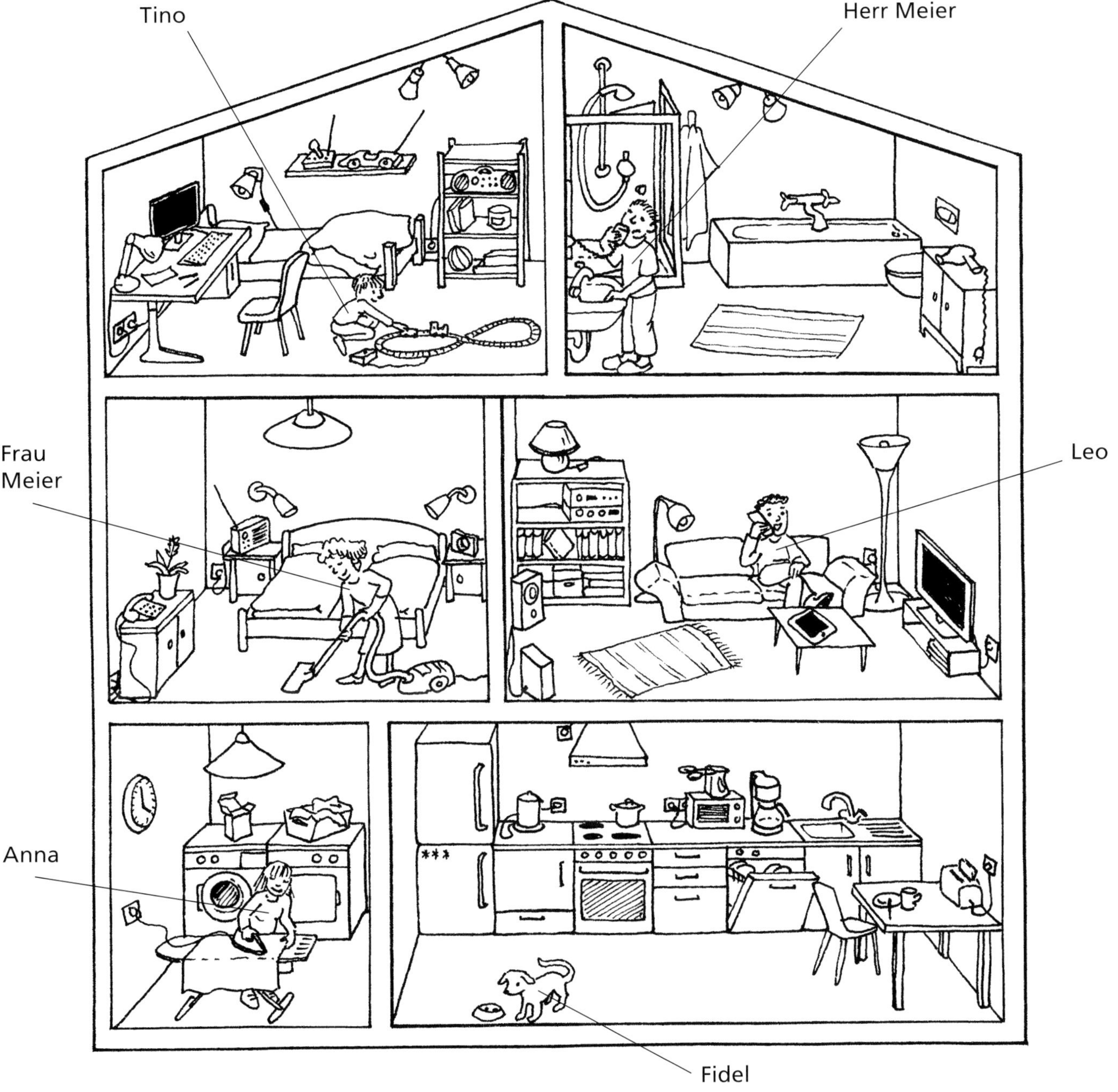

1	*Fidel ist in der Küche.*
2	
3	
4	
5	
6	

Abb.: Astrid Wilkesmann

B: Suchsel: Gegenstände zu Hause

Aufgaben

1. Suche die Wörter und male sie in der richtigen Farbe an.

Kühlschrank, Geschirrspüler, Spülbecken: grün
Fernseher, Sofa, Stehlampe: blau
Esstisch, Messer, Gabel, Teller, Löffel: rot
Garderobe, Schuhschrank: gelb
Toilette, Badewanne, Zahnbürste, Seife, Handtuch: braun

P	F	O	K	L	A	B	T	N	U	S	H	L	I	D
G	E	S	C	H	I	R	R	S	P	Ü	L	E	R	K
A	R	P	E	Z	C	X	N	B	W	M	Q	V	T	Ü
B	N	Ü	S	T	E	H	L	A	M	P	E	L	E	H
E	S	L	Q	A	Y	A	Q	E	Z	O	V	X	G	L
L	E	B	S	E	S	S	T	I	S	C	H	D	L	S
C	H	E	G	H	O	E	O	R	T	H	U	N	Ö	C
H	E	C	R	T	F	G	I	N	M	J	K	S	F	H
A	R	K	D	F	A	B	L	W	E	N	K	X	F	R
N	S	E	I	F	E	M	E	S	S	E	R	K	E	A
D	Z	N	F	G	H	J	T	E	S	B	N	T	L	N
T	X	W	D	A	B	U	T	E	L	L	E	R	M	K
U	W	H	N	B	A	D	E	W	A	N	N	E	J	K
C	S	C	H	U	H	S	C	H	R	A	N	K	K	N
H	G	I	K	V	Z	A	H	N	B	Ü	R	S	T	E
G	A	R	D	E	R	O	B	E	E	E	B	Z	U	N

2. In welchen Zimmern kann man die Dinge aus dem Suchsel finden?

grüne Wörter: in der ....
blaue Wörter: im ....
rote Wörter: im ....
gelbe Wörter: im ....
braune Wörter: im ....

Tätigkeiten im Haushalt

Darum geht's

In dieser Stunde setzen die Schüler sich mit Tätigkeiten auseinander, die im Haushalt eine Rolle spielen. Dabei werden Verben und ihre Konjugation vermittelt und überlegt, wer bei den Schülern zu Hause welche Aufgaben übernimmt.

Kompetenzerwartungen

Die Schüler …

- kennen Verben für Tätigkeiten im Haushalt
- können Verbformen konjugieren
- können berichten, wer zu Hause welche Aufgaben übernimmt

Material

- Arbeitsblatt A „Triomino"
- Arbeitsblatt B „Rätsel"
- Arbeitsblatt C „Bei mir zu Hause"
- Schere, Kleber, Blanko-Papier im Klassensatz
- 1 Plastikflasche

Vorbereitung

In dieser Stunde kann differenziert gearbeitet werden. Legen Sie fest, welche Schüler welche Aufgaben erhalten sollen, und kopieren Sie die Arbeitsblätter in benötigter Anzahl:

- Arbeitsblatt A „Triomino"
  (einfach, zur Wortschatzeinübung)
- Arbeitsblatt B „Rätsel"
  (mittel, zur Wortschatzfestigung)
- Arbeitsblatt C „Bei mir zu Hause"
  (mittel bis schwer, Schüler müssen eigene Sätze formulieren)

Falls Sie nicht differenziert arbeiten möchten, bereiten Sie Kopien aller drei Arbeitsblätter im Klassensatz vor. Kopieren Sie das Arbeitsblatt B „Rätsel" einmal zusätzlich und erstellen Sie ein Lösungsblatt. Kopieren Sie dieses in der benötigten Anzahl.

Stundenverlauf

Einstieg

ca. 10 Minuten

Spielen Sie mit den Schülern Pantomime. Beginnen Sie, indem Sie eine Tätigkeit im Haushalt darstellen. Derjenige Schüler, der die Tätigkeit errät, darf die nächste darstellen. Sie können das Arbeitsblatt A „Triomino" zu Hilfe nehmen, um den Schülern die Abbildungen als Idee zu zeigen. Dazu verteilen Sie das Arbeitsblatt A an schwächere Schüler, sodass diese die Begriffe abgucken dürfen, wenn sie sie noch nicht kennen.

Erarbeitung

ca. 20 Minuten

Die Schüler arbeiten an der von Ihnen im Vorfeld (s. Vorbereitung) festgelegten Aufgabe. Beim Arbeitsblatt A „Triomino" ergibt sich die Lösung von selbst. Für dieses Arbeitsblatt werden die Schere, der Kleber und das Blanko-Papier benötigt. Das Arbeitsblatt B „Rätsel" kontrollieren die Schüler selbstständig am Lösungsblatt. Lösungen zu Arbeitsblatt C „Bei mir zu Hause" werden in der Abschlussphase besprochen.

Abschlussphase

ca. 15 Minuten

Kommen Sie mit den Schülern darüber ins Gespräch, wer bei ihnen zu Hause welche Aufgaben übernimmt. Dazu kann das Arbeitsblatt C „Bei mir zu Hause" dienen. Lassen Sie einige Schüler, die dieses Arbeitsblatt bearbeitet haben, ihre Sätze vorlesen. Sollte das Gespräch stocken oder haben Sie noch Zeit übrig, treffen Sie sich mit den Schülern im Sitzkreis. Legen Sie eine Flasche auf den Boden, formulieren Sie eine Entscheidungsfrage („Gießt du lieber Blumen oder saugst du lieber?") und drehen Sie die Flasche. Derjenige Schüler, auf den die Flasche zeigt, wenn sie zum Stillstand kommt, beantwortet Ihre Frage („Ich sauge lieber."), stellt eine neue Frage und dreht ebenfalls die Flasche.

A: Triomino

Aufgaben

1. Schneide die Puzzleteile aus und mische sie gut.

2. Setze die Puzzleteile wieder richtig zusammen und klebe sie auf einem leeren Blatt auf.

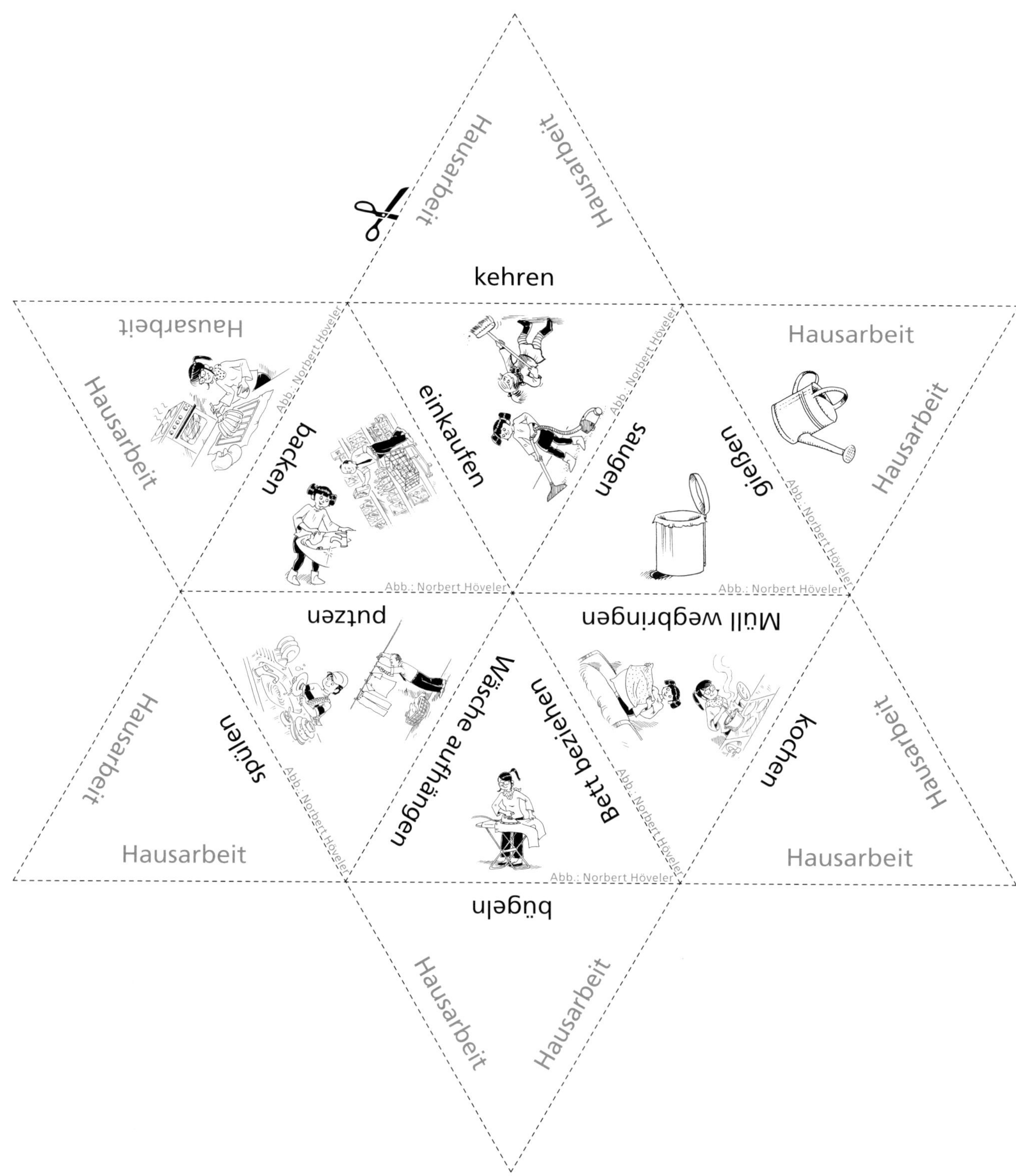

B: Rätsel

1. Welche Tätigkeiten im Haushalt sind hier gemeint? Schreibe sie richtig auf.

saubstaugen	
glumen Bießen	
kof Hehren	
buchen Kacken	
speschirr Gülen	
pad Butzen	
wüll Megbringen	
bäsche Wügeln	
kuppe Sochen	
penster Futzen	

2. Setze die richtige Verbform ins Kreuzworträtsel ein.
Beachte: ß wird zu ss, ä wird zu ae, ü wird zu ue.

waagerecht:
2. … das Bad!
3. Wir wollen heute einen Kuchen ….
4. Diego, bitte … den Müll weg.
5. Oma … die beste Suppe.

senkrecht:
1. Opa, … du gerne Blumen?
6. Die Mutter … die Wäsche.
7. Der Vater … den Hof.
8. Ich … das Geschirr.

C: Bei mir zu Hause

◎ Aufgabe

Wer erledigt bei dir zu Hause die Aufgaben? Schreibe auf.

Beispiel:
den Tisch decken: Ich decke den Tisch.
das Essen kochen: Mein Vater kocht das Essen.

einkaufen: ....

das Essen kochen: ....

aufräumen: ....

die Blumen gießen: ....

den Müll wegbringen: ....

staubsaugen: ....

die Treppe fegen: ....

das Geschirr spülen: ....

die Wäsche waschen: ....

die Wäsche bügeln: ....

Niveaustufe A2

MINI-EINHEIT: In der Stadt

In dieser Einheit, die sich über sechs Stunden erstreckt, geht es um folgende Themen:

- **Stunde 16:** Einkaufen – Lebensmittel, Gewichte, Preise
- **Stunde 17:** Das schmeckt mir
- **Stunde 18:** Beim Arzt
- **Stunde 19:** Sich in der Stadt orientieren
- **Stunde 20:** Verkehrsmittel
- **Stunde 21:** Unterwegs in Deutschland

Es ist wichtig, sich in alltäglichen Situationen ausdrücken zu können und Informationen auszutauschen. Hierzu zählt das Einkaufen (z. B. von Lebensmitteln, Stunden 16 und 17), die Verständigung beim Arzt (Stunde 18) und die Orientierung in der Stadt (Stunde 19). Das Thema „Verkehrsmittel" (Stunde 20) ist vor allem für Schüler in größeren Städten oder für Schüler, die mit dem Bus aus ihrem Dorf in die nächstgelegene Stadt zur Schule fahren, interessant. Stunde 21 „Unterwegs in Deutschland" verbindet die Nutzung der Verkehrsmittel mit landeskundlichen Aspekten.

Weiterführende Anregungen

- Gehen Sie mit Ihren Schülern einkaufen und bereiten Sie gemeinsam Speisen zu.
- Bitten Sie die Schüler, ihr Lieblingsessen oder ihren Lieblingssnack mitzubringen, und kosten Sie diese gemeinsam.
- Nehmen Sie Kontakt zu den Ärzten in Ihrem Schulort auf. Vielleicht erklärt sich einer von ihnen bereit, dass Sie ihn gemeinsam mit Ihrer Lerngruppe besuchen können.
- Besprechen Sie mit den Schülern die wichtigsten Verkehrsregeln. Der ADFC München hat diese in Flyern in verschiedenen Sprachen zum Download zusammengestellt. Unter **www.adfc-muenchen.de/adfc-muenchen/arbeitsgruppen/asyl/** können Sie sich die Flyer kostenlos herunterladen.
- Planen Sie mit den Schülern eine Führung durch Ihre Stadt. Im Vorfeld sollten die Schüler dazu Sehenswürdigkeiten, Ämter oder für die Zielgruppe wichtige Institutionen und Einrichtungen (Kino, Jugendtreff) im Stadtplan heraussuchen. Legen Sie gemeinsam eine Reihenfolge der zu besuchenden Orte fest und bitten Sie die Schüler, die Stadtführung zu übernehmen.
- Wenn Ihre Lerngruppe nur aus wenigen Schülern besteht, kann auch eine Bus- oder Zugfahrt sinnvoll sein, um den Schülern zu zeigen, wie sie einen Fahrplan lesen, wo sie Karten kaufen und wie sie anzeigen können, dass sie an der nächsten Haltestelle aussteigen möchten. Einige Busunternehmen bieten auch spezielle Bustrainings an, bei denen den Schülern das richtige Verhalten im Bus gezeigt wird.

Einkaufen – Lebensmittel, Gewichte, Preise

Darum geht's

Die Schüler setzen sich mit Lebensmitteln, Gewichten und Preisen auseinander. Dazu werden Begriffe gelernt, Einkaufszettel geschrieben und verschiedene Einkaufssituationen verstanden und selbst geschrieben.

Kompetenzerwartungen

Die Schüler …

- kennen Begriffe für Lebensmittel
- können Informationen aus einem Bild entnehmen und übertragen
- können Informationen richtig in einen Dialog einbauen

Material

- Arbeitsblatt A „Lebensmittel"
- Arbeitsblatt B „Preise und Gewichte"
- Arbeitsblatt C „Dialog – Beim Einkauf"
- 1 Decke
- Verpackungen, Kaufmannsladen-Lebensmittel oder Plastikobst und -gemüse (ca. 10 Stück)
- 1 Tisch zur Präsentation der Lebensmittel
- zu jedem Lebensmittel 1 kleines Schild mit der entsprechenden Bezeichnung

Vorbereitung

Kopieren Sie die Arbeitsblätter A „Lebensmittel", B „Preise und Gewichte" und C „Dialog – Beim Einkauf" jeweils in Klassenstärke. Kopieren Sie alle drei Arbeitsblätter ein weiteres Mal und erstellen Sie aus diesen Lösungsblätter, die Sie in ausreichender Anzahl kopieren.
Bereiten Sie Schilder für die einzelnen Lebensmittel vor.

Stundenverlauf

Einstieg

ca. 10 Minuten
Legen Sie die Materialien unter die Decke und die Schilder zu den bereitgestellten Lebensmitteln auf den Präsentationstisch. Ziehen Sie ein Lebensmittel unter der Decke hervor, zeigen Sie es den Schülern und fragen Sie: „Was ist das?". Legen Sie das Lebensmittel nach der richtigen Antwort mit dem dazu gehörenden Schild auf den Präsentationstisch. Bitten Sie je einen Schüler nach vorn, der wie Sie verfährt. Lassen Sie die Lebensmittel während der Erarbeitung auf dem Präsentationstisch liegen.

Erarbeitung

ca. 25 Minuten
Die Schüler bearbeiten in Einzel- oder Partnerarbeit nacheinander die Arbeitsblätter A „Lebensmittel" und B „Preise und Gewichte". Sie kontrollieren die Aufgaben selbstständig mithilfe der Lösungsblätter.
Schüler, die alle Aufgaben erledigt haben, bearbeiten das Arbeitsblatt C „Dialog – Beim Einkauf".

Abschlussphase

ca. 10 Minuten
Bitten Sie zwei Schüler nach vorn, die ihren eigenen Dialog von Arbeitsblatt C vorlesen. Lassen Sie weitere Schüler ihre Dialoge vortragen. Sollten Sie im Anschluss noch Zeit übrighaben, können die Schüler ihre eigenen Dialoge spielen. Dazu können Sie die Materialien auf dem Präsentationstisch nutzen.
Alternativ können Sie auch statt des Dialoges auf die von den Schülern selbst geschriebenen Einkaufszettel eingehen und diese von den Schülern vorstellen lassen. Die Schüler lesen entweder nur die Lebensmittel vor und lassen die anderen Schüler den Gesamtbetrag ausrechnen oder sie schreiben die Preise an und die anderen Schüler müssen erraten, welche Lebensmittel auf der Einkaufsliste stehen.

A: Lebensmittel

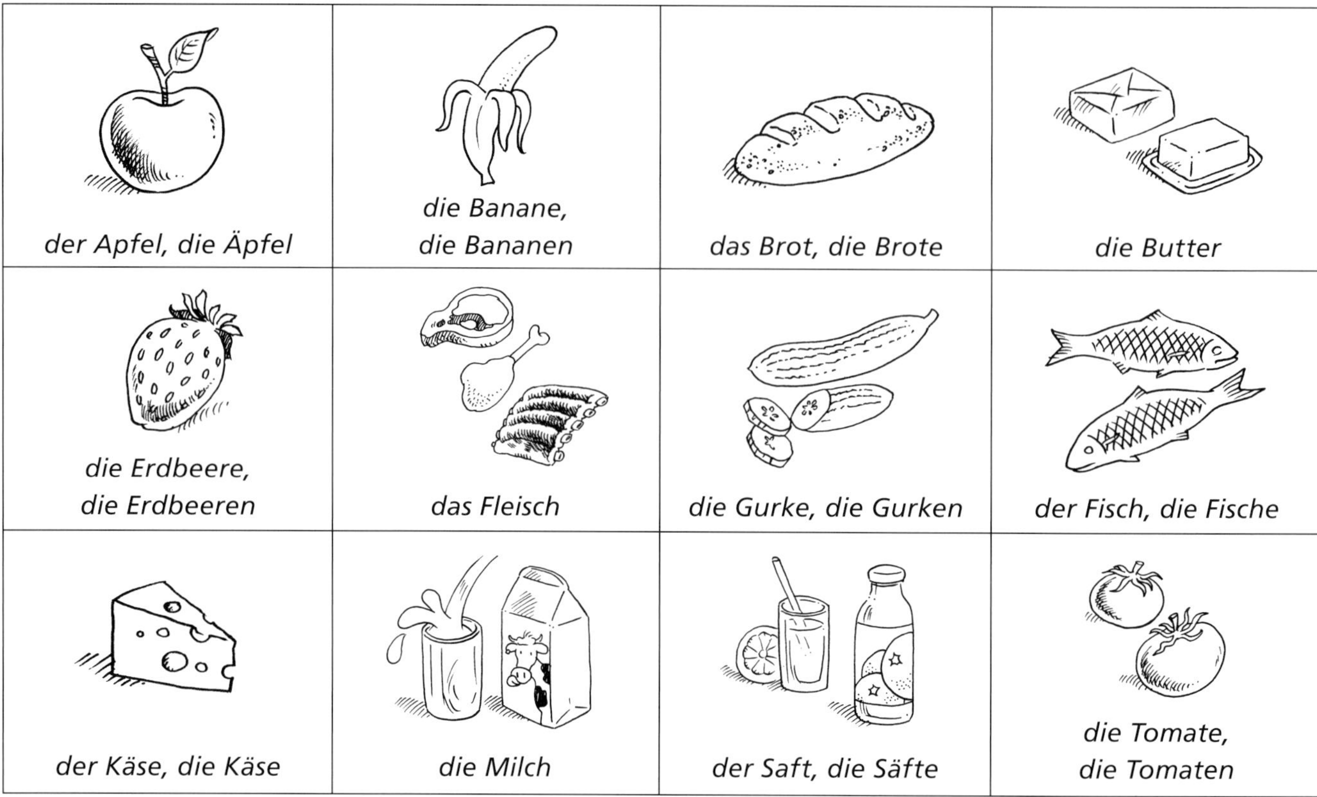

Abb.: Norbert Höveler

◎ Aufgaben

1. Schaue dir die Bilder und die Wörter oben an.

2. Schneide die Puzzleteile unten auseinander und mische sie gut durch.

3. Setze die Puzzleteile wieder richtig zusammen und klebe sie in dein Heft.

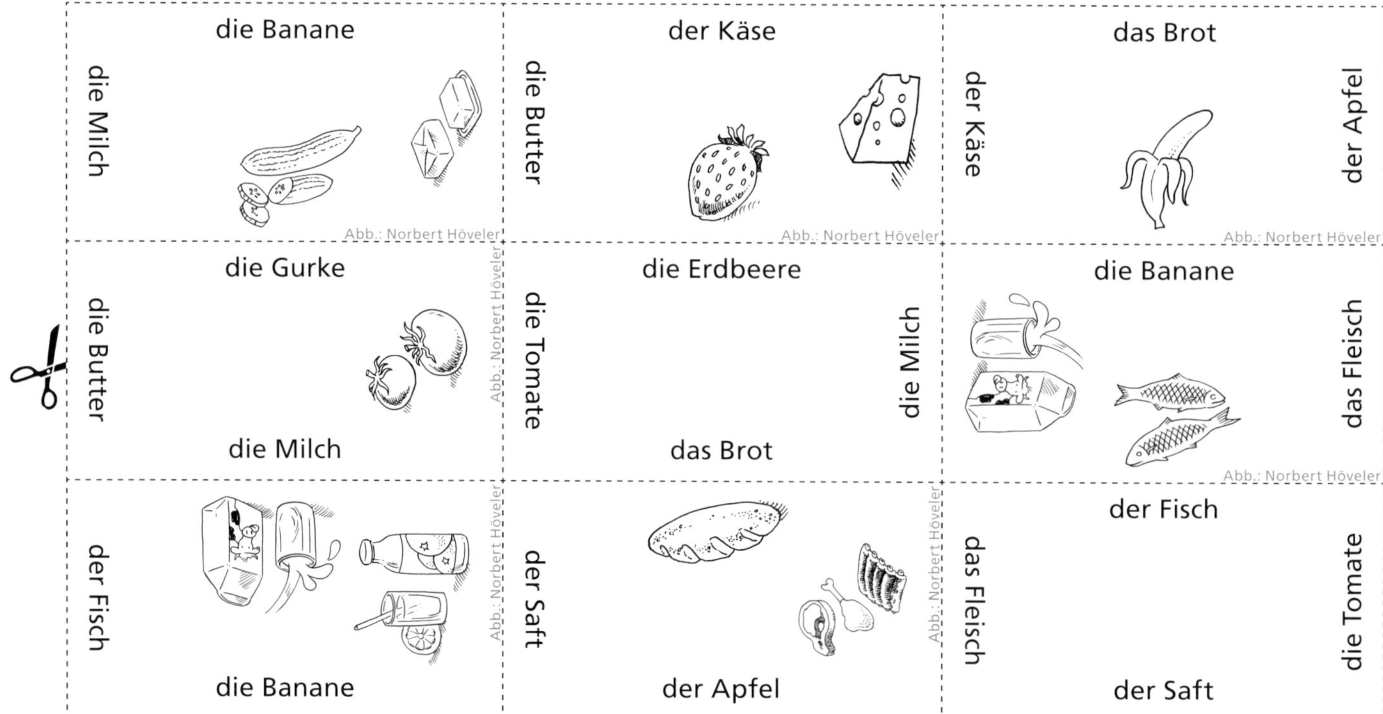

B: Preise und Gewichte

Aufgaben

1. Ergänze die Einkaufszettel.

2. Schreibe einen eigenen Einkaufszettel.

500g Tomaten 1,99 € Gurke Stück 0,39 € 2,5 kg Kartoffeln 1,49 €
Schokolade 100g Tafel 0,79 € Milch 1 Liter 0,89 € Butter 250 g Stück 1,29 €
Brot 750g Stück 2,69 € 1 kg Fleisch 3,29 € Limonade Dose 0,99 €
Eier 10er-Karton 1,79 € Kekse Packung 0,59 €

500 g Tomaten	....	6 Dosen Limonade	....
2,5 kg Kartoffeln	....	1 Tafel Schokolade	....
1 kg Fleisch	....	2 Packungen Kekse	....
Ich muss bezahlen:	....	Ich muss bezahlen:	....

....	1,29 €	3 Gurken	....
....	2,69 €	....	0,59 €
10 Eier	....	2 Liter Milch	....
Ich muss bezahlen:	....	Ich muss bezahlen:	....

....	.... €
....	.... €
....	.... €
....	.... €
....	.... €
....	.... €
Ich muss bezahlen:	.... €

C: Dialog – Beim Einkauf

Aufgaben

1. Lies den Dialog.

2. Suche dir einen Partner.

3. Schreibe mit deinem Partner einen eigenen Dialog. Übt ihn zusammen.

Verkäufer: Guten Tag!

Kunde: Guten Tag!

Verkäufer: Wie kann ich Ihnen helfen?

Kunde: Ich möchte bitte 2,5 kg Kartoffeln. Wie teuer ist das?

Verkäufer: 2,5 kg Kartoffeln kosten 1,49 €. Möchten Sie noch etwas dazu?

Kunde: Nein, danke.

Verkäufer: Vielen Dank, auf Wiedersehen!

Kunde: Auf Wiedersehen!

Verkäufer: Guten Tag!

Kunde: ....

....

....

....

....

....

....

....

....

....

....

....

....

....

....

....

Das schmeckt mir

Darum geht's

In dieser Stunde werden Essgewohnheiten, Vorlieben und Abneigungen beim Essen besprochen. Die Schüler erfahren, was ihre Mitschüler gern mögen und was nicht, und sie lernen, sich gegenseitig danach zu fragen.

Kompetenzerwartungen

Die Schüler ...
- können sich zu eigenen geschmacklichen Vorlieben und Abneigungen äußern
- können nach geschmacklichen Vorlieben und Abneigungen der anderen Schüler fragen

Material

- Material „Lebensmittel-Chaos"
- Arbeitsblatt „Lieblingsessen-Steckbrief"
- verschiedene Lebensmittel und Verpackungen (z. B. Milch, Puddingpulver, Brot, Marmelade, Nudeln, Gewürze, Kartoffelbreipulver, Haferflocken, Gemüse)
- 1 Plastikflasche

Vorbereitung

Kopieren Sie das Material „Lebensmittel-Chaos" für 2er- oder 4er-Gruppen in Ihrer Klasse und das Arbeitsblatt „Lieblingsessen-Steckbrief" in Klassenstärke. Legen Sie die Plastikflasche und die Lebensmittel bereit.

Stundenverlauf

Einstieg

ca. 10 Minuten
Treffen Sie sich mit den Schülern im Sitzkreis. Verteilen Sie die Lebensmittel und Verpackungen auf dem Boden, sodass in der Mitte ein Platz zum Drehen der Flasche frei bleibt. Nehmen Sie ein Lebensmittel in die Hand, fragen Sie nach Vorliebe oder Abneigung („Magst du Tomaten?") und drehen Sie die Flasche. Wenn die Flasche sich ausgedreht hat, zeigt sie auf einen Schüler. Dieser beantwortet ihre Frage („Nein, Tomaten mag ich nicht." oder „Ja, Tomaten mag ich."). Nun nimmt er ein Lebensmittel, stellt eine Frage und dreht die Flasche. Die Fragen und Aussagen der Schüler sollen dabei idealerweise sprachlich variiert werden („Ich finde ... lecker" oder „Mir schmeckt ..."). Nehmen Sie nach ca. 5 Minuten mehrere Lebensmittel, legen Sie diese vor sich und fragen Sie nach, ob die Lebensmittelkombination schmeckt („Schmecken dir Nudeln mit Marmelade?") und drehen Sie die Flasche. Der Schüler, auf den die Flasche zeigt, antwortet auf diese Frage („Nein, Nudeln mit Marmelade mag ich nicht." oder „Ja, Nudeln mit Marmelade schmecken mir."), kombiniert selbst Lebensmittel, stellt eine passende Frage und dreht die Flasche. Auch hier soll wieder eine sprachliche Variation der Aussagen erfolgen.

Erarbeitung

ca. 25 Minuten
Die Schüler schneiden die Karten des Materials „Lebensmittel-Chaos" aus. Sie finden sich paarweise oder mit maximal vier Schülern zusammen und spielen das Spiel mit einem Kartensatz:
Die Karten liegen verdeckt auf dem Tisch. Der erste Schüler zieht zwei beliebige Karten und fragt seinen linken Nachbarn: „Glaubst du, dass mir ... schmeckt?" Dieser antwortet. Hat er Recht, bekommt er die Karten. Hat er Unrecht, begründet der erste Schüler, warum er die Kombination der Lebensmittel nicht mag, und die Karten werden wieder umgedreht. Wer die meisten Karten hat, gewinnt das Spiel. Brechen Sie nach ca. 15 Minuten ab. Verteilen Sie das Arbeitsblatt „Lieblingsessen-Steckbrief" an die Schüler. Diese bearbeiten die Aufgabe in Partnerarbeit.

Abschlussphase

ca. 10 Minuten
Besprechen Sie das Arbeitsblatt „Lieblingsessen-Steckbrief" im Plenum. Lassen Sie ausgewählte Paare jeweils die Ergebnisse füreinander vorstellen.

Lebensmittel-Chaos

der Fisch, die Fische Abb.: Norbert Höveler	die Nudel, die Nudeln Abb.: Norbert Höveler	die Erdbeere, die Erdbeeren Abb.: Norbert Höveler	das Brot, die Brote Abb.: Norbert Höveler
das Ei, die Eier Abb.: Norbert Höveler	das Eis, die Eis Abb.: Norbert Höveler	die Wurst, die Würste Abb.: Norbert Höveler	der Joghurt, die Joghurts Abb.: Norbert Höveler
der Reis (kein Plural) Abb.: Norbert Höveler	die Pizza, die Pizzen Abb.: Norbert Höveler	der Käse, die Käse Abb.: Norbert Höveler	die Milch (kein Plural) Abb.: Norbert Höveler
das Hähnchen, die Hähnchen Abb.: Norbert Höveler	der Kartoffelchip, die Kartoffelchips © Verlag an der Ruhr	die Tomate, die Tomaten Abb.: Norbert Höveler	die Cola, die Colas Abb.: Norbert Höveler
der Kebab, die Kebabs Abb.: Norbert Höveler	die Marmelade, die Marmeladen Abb.: Norbert Höveler	die Gurke, die Gurken Abb.: Norbert Höveler	die Banane, die Bananen Abb.: Norbert Höveler
die Melone, die Melonen Abb.: Norbert Höveler	das Öl, die Öle Abb.: Norbert Höveler	die Kartoffel, die Kartoffeln Abb.: Norbert Höveler	der Apfel, die Äpfel Abb.: Norbert Höveler

Lieblingsessen-Steckbrief

Aufgabe

Was isst du gern? Fülle die mittlere Spalte des Steckbriefes aus. Frage danach deinen Sitznachbarn und fülle die rechte Spalte des Steckbriefes mit seinen Antworten aus.

	Morgens esse ich gern ……………………………….	Morgens esse ich gern ……………………………….
	In der Schule esse ich gern ……………………………….	In der Schule esse ich gern ……………………………….
	Mittags esse ich gern ……………………………….	Mittags esse ich gern ……………………………….
	Am Nachmittag esse ich gern ……………………………….	Am Nachmittag esse ich gern ……………………………….
	Abends esse ich gern ……………………………….	Abends esse ich gern ……………………………….
	Meine Lieblingssüßigkeit ist ……………………………….	Meine Lieblingssüßigkeit ist ……………………………….

Sonnen, Wolke: © Verlag an der Ruhr; alle anderen Abb.: Norbert Höveler

Beim Arzt

Darum geht's

Die Schüler lernen Krankheiten kennen und verstehen, für welche Krankheiten welcher Arzt zuständig ist. Zusätzlich werden Nebensätze mit „als" geübt.

Kompetenzerwartungen

Die Schüler …
- kennen gängige Krankheitsbilder
- können einen typischen Dialog beim Arzt aufbauen
- wissen, für welche Krankheit welcher Arzt zuständig ist
- können Nebensätze mit „als" bilden

Material

- Folienvorlage „Ich bin krank"
- Arbeitsblatt A „Welcher Arzt ist der richtige? – Nebensätze mit ‚als' "
- Arbeitsblatt B „Dialog-Puzzle: Beim Arzt"
- 1 Folie und 1 Folienstift
- Overhead-Projektor

Vorbereitung

Kopieren Sie die Folienvorlage „Ich bin krank" einmal auf Folie. Kopieren Sie das Arbeitsblatt A „Welcher Arzt ist der richtige? – Nebensätze mit ‚als' " und das Arbeitsblatt B „Dialog-Puzzle: Beim Arzt" jeweils in Klassenstärke.
Kopieren Sie das Arbeitsblatt B „Dialog-Puzzle: Beim Arzt" ein weiteres Mal und erstellen Sie ein Lösungsblatt, welches Sie dann in ausreichender Anzahl kopieren.

Stundenverlauf

Einstieg

ca. 10 Minuten
Legen Sie die Folie „Ich bin krank" auf den Overhead-Projektor und besprechen Sie diese mit den Schülern. Achten Sie darauf, dass alle Schüler die verschiedenen Krankheiten und Beschwerden verstehen. Spielen Sie dann das Spiel, wie auf der Folie beschrieben, mit der ganzen Klasse.

Erarbeitung

ca. 25 Minuten
Die Schüler bearbeiten zunächst in Einzel- oder Partnerarbeit das Arbeitsblatt A „Welcher Arzt ist der richtige? – Nebensätze mit ‚als' ". Anschließend bearbeiten sie das Arbeitsblatt B „Dialog-Puzzle: Beim Arzt". Wichtig ist, dass die Schüler beim Arbeitsblatt B erst am Lösungsblatt kontrollieren, bevor sie das Puzzle auseinanderschneiden und neu zusammensetzen.
Schüler, die mit dem Puzzle fertig sind, versuchen, mit einem Partner einen Dialog nach dem Muster des Dialoges auf dem Arbeitsblatt B „Dialog-Puzzle" zu schreiben. Die Folienvorlage „Ich bin krank" auf dem Overhead-Projektor kann dabei als Unterstützung dienen.

Abschlussphase

ca. 10 Minuten
Vergleichen Sie die Lösungen des Arbeitsblattes A „Welcher Arzt ist der richtige? – Nebensätze mit ‚als' " im Plenum. Bitten Sie dann zwei Schüler nach vorn, die den in die richtige Reihenfolge gebrachten Dialog von Arbeitsblatt B gemeinsam lesen. Lassen Sie dann die Schüler ihre selbst geschriebenen Dialoge vorstellen.

Ich bin krank

Aufgaben

1. Seht euch die Bilder an und lest die Beschreibungen.

2. Spielt das Spiel:
Ein Schüler der Klasse sucht sich ein Bild mit Beschreibung aus.
Die Mitschüler fragen so lange abwechselnd, was wehtut (z. B. „Hast du Fieber?"),
bis einer errät, welche Krankheit ausgewählt worden ist.
Dann ist der Schüler an der Reihe, der die richtige Krankheit erraten hat.
Alle Mitschüler stellen ihm nun Fragen.

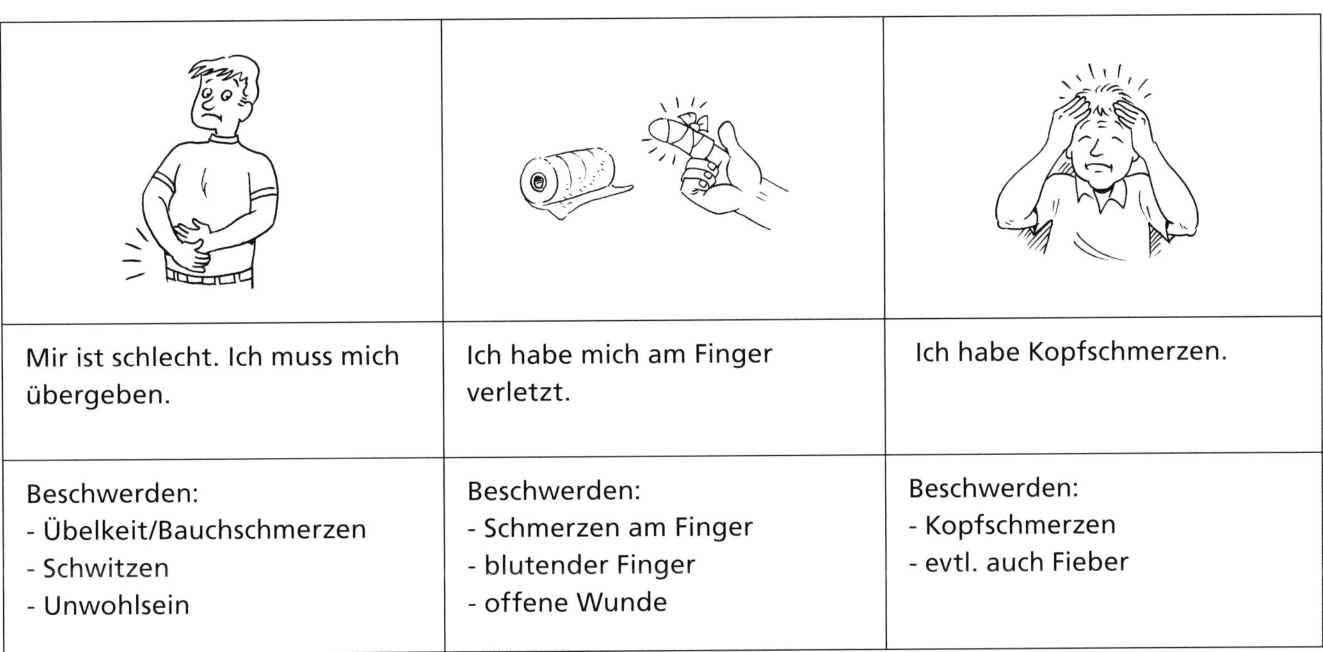

Mir ist schlecht. Ich muss mich übergeben.	Ich habe mich am Finger verletzt.	Ich habe Kopfschmerzen.
Beschwerden: - Übelkeit/Bauchschmerzen - Schwitzen - Unwohlsein	Beschwerden: - Schmerzen am Finger - blutender Finger - offene Wunde	Beschwerden: - Kopfschmerzen - evtl. auch Fieber

Ich habe Zahnschmerzen.	Ich bin erkältet.	Ich bin heiser.
Beschwerden: - Zahnschmerzen - dicke Wange - kein Appetit	Beschwerden: - Husten - Schnupfen - Fieber	Beschwerden: - kann nicht sprechen - Halsschmerzen

Abb.: Norbert Höveler

A: Welcher Arzt ist der richtige? – Nebensätze mit „als"

Aufgabe

Welcher Arzt hilft bei welchen Schmerzen? Ergänze die Sätze.
Schaue dir dazu die Bilder an. Jeder Satz soll mit „Als …" beginnen.

……………………………………………………………………, ging ich zum Zahnarzt.

……………………………………………………………………, musste ich zum Hausarzt.

……………………………………………………………………, hat der Chirurg die Wunde genäht.

……………………………………………………………………, hat der Augenarzt mir eine neue Brille verschrieben.

Abb.: Norbert Höveler

 © Verlag an der Ruhr | Nina Wilkening | ISBN 978-3-8346-3803-8 | www.verlagruhr.de

B: Dialog-Puzzle: Beim Arzt

◎ Aufgaben

1. **Lies die einzelnen Zeilen.**
2. **Schreibe die richtige Reihenfolge der Zeilen in die Kästen.**
3. **Kontrolliere mit dem Lösungsblatt.**
4. **Schneide die einzelnen Zeilen aus und klebe sie in der richtigen Reihenfolge in dein Heft.**

	Arzt: „Machen Sie bitte einmal den Mund auf, ich möchte in Ihren Hals gucken. Sagen Sie AAA."
	Frau Schulz: „Guten Tag, Doktor Meier. Ich heiße Frau Schulz."
	Arzt: „Ihr Hals ist entzündet. Haben Sie noch andere Beschwerden?"
1	Arzt: „Guten Tag, mein Name ist Doktor Meier. Und wer sind Sie?"
	Frau Schulz: „Vielen Dank."
	Arzt: „Was fehlt Ihnen, Frau Schulz?"
	Frau Schulz: „Auf Wiedersehen."
	Frau Schulz: „AAA."
	Arzt: „Haben Sie auch Fieber?"
	Frau Schulz: „Ich habe Halsschmerzen."
	Arzt: „Sie haben eine Grippe. Ich gebe Ihnen ein Rezept für die Apotheke und schreibe Sie krank."
	Frau Schulz: „Ja, ich habe auch noch Kopfschmerzen und Schnupfen."
	Frau Schulz: „Ja, ich habe auch Fieber."
	Arzt: „Bitte schön. Ich wünsche Ihnen gute Besserung. Auf Wiedersehen."

Abb.: Norbert Höveler

Sich in der Stadt orientieren

Darum geht's

Wegbeschreibungen zu verstehen, ist für die Schüler wichtig, wenn sie sich in Städten nicht auskennen. Daher stehen in dieser Stunde die Orientierung in Städten, Wegbeschreibungen, aber auch typische Geschäfte in Städten im Mittelpunkt.

Kompetenzerwartungen

Die Schüler …
- wissen, in welchen Geschäften man welche Dinge kaufen kann
- kennen Einrichtungen in der Stadt
- können nach dem Weg fragen
- können Wege beschreiben und nachvollziehen

Material

- Material „Einkaufen in der Stadt"
- Arbeitsblatt A „Andere nach dem Weg fragen"
- Arbeitsblatt B „Sich in der Stadt zurechtfinden"
- 1 Stadtplan der eigenen Stadt

Vorbereitung

Kopieren Sie das Material „Einkaufen in der Stadt" einmal und schneiden Sie die 14 Bildkarten aus. Kopieren Sie die beiden Arbeitsblätter A „Andere nach dem Weg fragen" und B „Sich in der Stadt zurechtfinden" in Klassenstärke.
Legen Sie den Stadtplan bereit. Bei Bedarf kopieren Sie einen vergrößerten Ausschnitt der Innenstadt.

Stundenverlauf

Einstieg

ca. 10 Minuten
Verteilen Sie den Schülern die ausgeschnittenen Bildkarten des Materials „Einkaufen in der Stadt". Fordern Sie die Schüler auf, ihren Partner mit dem passenden Kärtchen zu suchen. Die Frage ist: „Wo kann ich was kaufen?". Nachdem die Schüler ihren Partner gefunden haben, stellen sie sich paarweise auf. Bitten Sie die Schülerpaare, ihre Zusammengehörigkeit in einem Satz darzustellen (z. B.: „Bücher kaufe ich in der Buchhandlung."). Sind mehr als 14 Schüler in Ihrer Klasse, können Sie mehrere Durchläufe machen, sodass jeder Schüler mindestens einmal eine Karte bekommt. Sie können das Material auch ein weiteres Mal kopieren und die fehlende Anzahl an Karten ausschneiden. Achten Sie darauf, dass es zu jeder Karte eine passende Partner-Karte gibt. Sagen Sie den Schülern in diesem Fall vorab, dass es bei den Karten Doppelungen gibt.

Erarbeitung

ca. 25 Minuten
Die Schüler bearbeiten die Arbeitsblätter A „Andere nach dem Weg fragen" und B „Sich in der Stadt zurechtfinden" in Partnerarbeit. Anschließend werden die Lösungen im Plenum verglichen und einige Texte vorgetragen.

Abschlussphase

ca. 10 Minuten
Hängen Sie den Stadtplan Ihrer Stadt bzw. den vergrößerten Ausschnitt der Innenstadt an die Tafel und bitten Sie die Schüler nach vorn. Zur besseren Orientierung in der eigenen Stadt fragen Sie, wo sich bestimmte Gebäude befinden. Lassen Sie jeweils einen Schüler danach suchen. Anschließend versuchen die Schüler, zusammen zu beschreiben, wo sie hingehen müssen, um von Ort A zu Ort B zu gelangen.

Einkaufen in der Stadt

Abb.: Norbert Höveler

A: Andere nach dem Weg fragen

Aufgabe

Wie fragst du nach dem Weg? Schreibe zusammen mit deinem Sitznachbarn einen Dialog. Stellt euch vor, dass einer von euch auf dem Marktplatz steht und nicht weiß, wie er zum Zoo gelangt. Dein Sitznachbar weiß die Antwort und hilft weiter. Schreibt in eure Hefte.

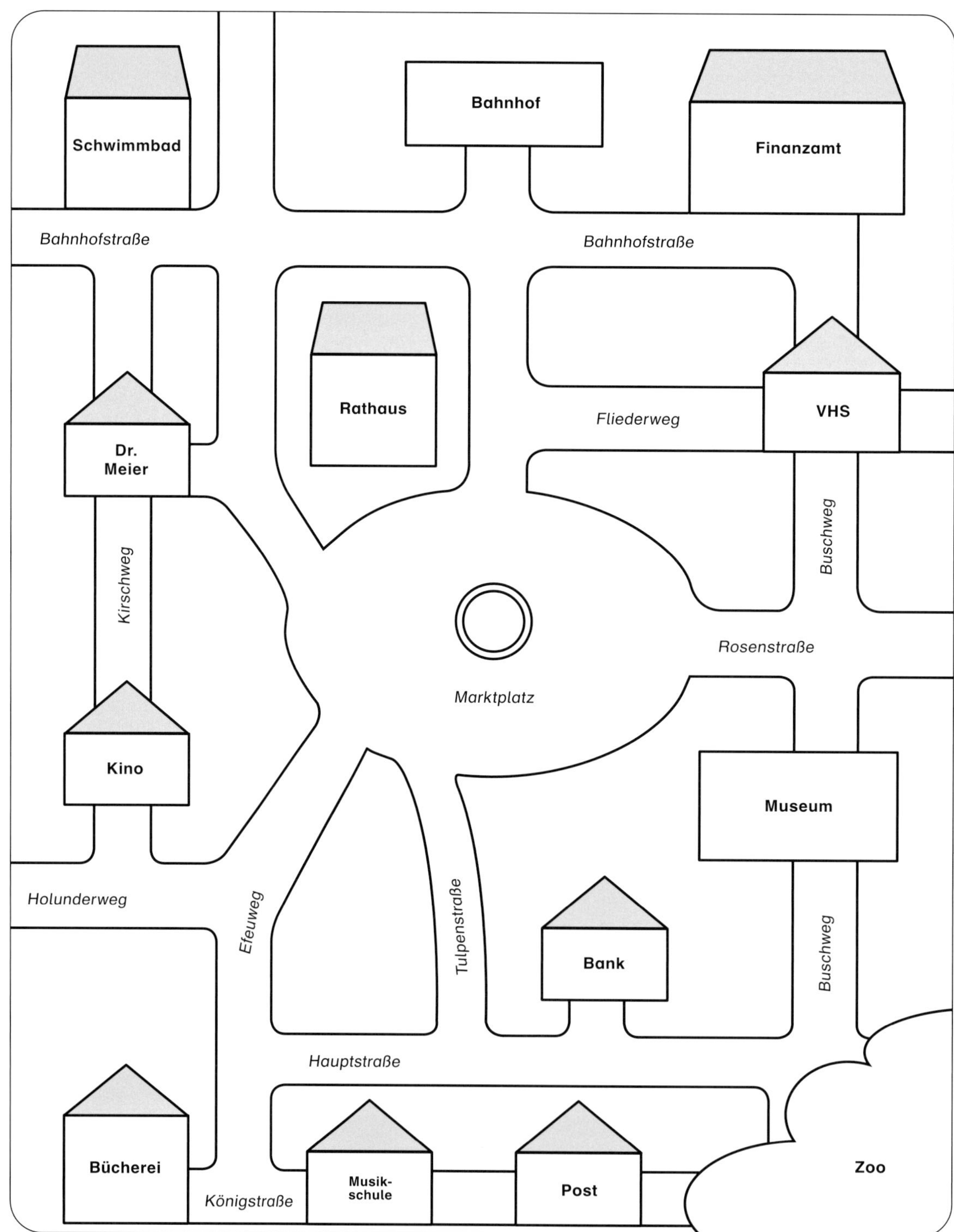

Abb.: © Verlag an der Ruhr

B: Sich in der Stadt zurechtfinden

Aufgaben

1. Beantworte die Fragen. Nimm dazu den Stadtplan von Arbeitsblatt A „Andere nach dem Weg fragen" zu Hilfe.

Welche beiden Straßen kreuzen sich beim Museum?

....

Welche beiden Gebäude befinden sich neben der Musikschule und in welcher Straße sind sie zu finden?

....

Welche beiden Gebäude befinden sich im Kirschweg?

....

Woher muss ich gehen, wenn ich von der Bank zum Rathaus gehen möchte?

....

2. Löse die Rätsel. Schreibe unter die Sprechblasen, wo die Kinder hingehen.

Ich starte an der Musikschule. Ich gehe die Königstraße geradeaus bis zur Kreuzung und biege dann nach rechts ab. Ich gehe geradeaus. Auf welchen Platz komme ich?

....

Ich starte am Kino. Ich gehe nach links den Kirschweg entlang und komme an Dr. Meier vorbei. Ich gehe weiter geradeaus. Zu welchem Gebäude komme ich?

....

Ich starte am Finanzamt. Ich gehe den ganzen Buschweg geradeaus. Wohin komme ich?

....

3. Stelle deinem Partner ein Rätsel. Schreibe es hier auf.

....

....

....

....

....

Verkehrsmittel

Darum geht's

Die Schüler lernen verschiedene öffentliche und nicht öffentliche Verkehrsmittel kennen.

Kompetenzerwartungen

Die Schüler ...
- kennen Begriffe für einzelne Verkehrsmittel
- kennen Präpositionen
- können Fahrkarten kaufen

Material

- Material „Fahrzeuge"
- Arbeitsblatt A „Verkehrsmittel"
- Arbeitsblatt B „Unterwegs mit dem Zug"

Vorbereitung

Kopieren Sie das Material „Fahrzeuge" einmal und schneiden Sie die Karten aus.
Kopieren Sie die beiden Arbeitsblätter A „Verkehrsmittel" und B „Unterwegs mit dem Zug" jeweils in Klassenstärke.

Stundenverlauf

Einstieg

ca. 10 Minuten
Treffen Sie sich mit den Schülern im Stuhlkreis. Zeigen Sie den Schülern die Karten des Materials „Fahrzeuge" und besprechen Sie mit ihnen, wie diese im Deutschen genannt werden. Fragen Sie einen Schüler, ob er schon mit dem Fahrzeug auf der Karte gefahren ist. Falls ja, lassen Sie ihn von seinen Eindrücken dabei berichten. Falls er noch nicht mit diesem Fahrzeug gefahren ist, soll dieser einen anderen Schüler im Stuhlkreis fragen, der dann entsprechend erzählt. Leiten Sie das Gespräch so weit, dass Sie mit den Schülern über alle verschiedenen Fahrzeuge der Karten reden.

Erarbeitung

ca. 20 Minuten
Die Schüler bearbeiten nacheinander die Arbeitsblätter A „Verkehrsmittel" und B „Unterwegs mit dem Zug". Wenn alle Schüler fertig sind, werden die Lösungen der Arbeitsblätter im Plenum besprochen und Dialoge von ausgewählten Schülerpaaren vorgetragen.

Abschlussphase

ca. 15 Minuten
Erfinden Sie mit den Schülern gemeinsam eine zu den Verkehrsmitteln passende Geste. Wählen Sie zwei Schüler aus, die Sie als „Spieler" vor die Tür schicken. Die im Klassenzimmer verbleibenden Schüler bilden Paare und besprechen gemeinsam, mit welchem Verkehrsmittel sie wohin fahren möchten. Sie formulieren einen Satz und benutzen die Geste für das Fahrzeug (z. B.: „Ich fahre mit dem Auto zum Supermarkt.", Geste: mit den Händen ein imaginäres Lenkrad drehen.). Die Paare setzen sich dann durcheinander. Holen Sie die Spieler wieder ins Zimmer, sie stellen sich vor der Klasse auf. Ein Spieler beginnt und ruft zwei Schüler auf, die aufstehen, ihren Satz sagen und die Geste vormachen. Waren die beiden ein Paar, stellen sie sich hinter den Spieler. Er ist dann noch einmal dran. Waren die beiden Schüler kein Paar, ist der andere Spieler dran. Das Spiel ist beendet, wenn alle Paare gefunden wurden. Es hat derjenige Spieler gewonnen, der die meisten Paare gefunden hat.

Fahrzeuge

Abb.: Norbert Höveler

Abb.: Norbert Höveler

Abb.: Norbert Höveler

Abb.: Norbert Höveler

Abb.: Norbert Höveler

Abb.: Norbert Höveler

Abb.: Norbert Höveler

Abb.: Norbert Höveler

A: Verkehrsmittel

Aufgaben

1. Trage die passenden Präpositionen ein.

auf mit im mit auf mit

Julia und Esra werden von ihren Eltern .... dem Auto zur Schule gefahren.

Unterwegs sehen sie ihren Lehrer .... seinem Motorrad.

Außerdem fährt die Polizei .... Sirene und Blaulicht an ihnen vorbei.

Ihre Klassenkameraden sitzen .... Bus oder .... dem Fahrrad.

Manche kommen auch .... dem Zug.

2. Trage die trennbaren Verben ein.

abholen abfahren umsteigen ankommen

Wann .... dein Zug .... ?

Fährt dein Zug direkt nach Berlin oder .... du in Hannover .... ?

Der Zug .... um 18.43 Uhr in Berlin ....

Ich .... dich vom Bahnhof ....

3. Was passt? Verbinde die passenden Wörter und schreibe in dein Heft.
Achtung: Manchmal gibt es mehrere Lösungen. Schreibe dann alle Möglichkeiten auf.

einen Flug
einen Fahrplan
eine Reise
eine Hin- und Rückfahrt
die Fahrkarte
einen Sitzplatz
die Verbindung
ein Auto
ein Fahrrad

buchen
ausdrucken
kaufen
mieten
reservieren

B: Unterwegs mit dem Zug

Aufgaben

1. Trage alle Vokabeln ein, die dir zum Wortfeld „Zug" einfallen.

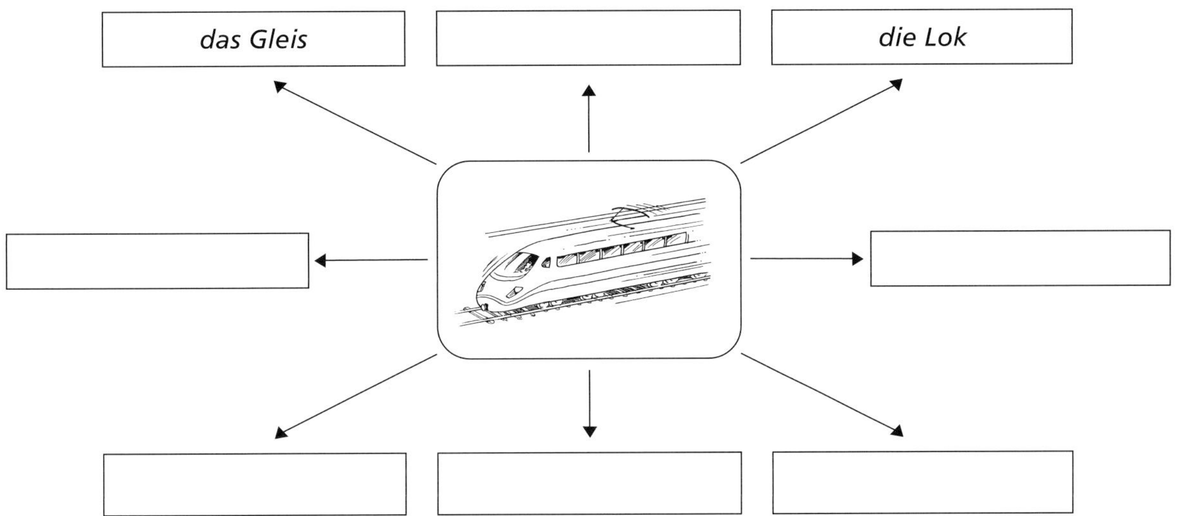

2. Du bist am Bahnhof. Eine ältere Frau möchte auch mit dem Zug fahren. Dafür braucht sie noch eine Fahrkarte. Erkläre ihr, wie sie eine Fahrkarte am Automaten bekommen kann. Schreibe den Dialog zwischen der Frau und dir zusammen mit deinem Sitznachbarn. Nimm diese Wörter zu Hilfe:

Fahrkarte Automat Strecke von … bis … einfache Fahrt oder hin und zurück
Hinfahrt am … Rückfahrt am … Bargeld oder EC-Karte ausdrucken

Abb.: Norbert Höveler

Unterwegs in Deutschland

Darum geht's

Mit den Bundesländern Deutschlands und ihren Hauptstädten beschäftigen sich die Schüler in dieser Unterrichtsstunde. Sie bekommen so eine Vorstellung von der Größe Deutschlands und lernen, sich mit Karten auseinanderzusetzen.

Kompetenzerwartungen

Die Schüler …

- kennen die Bundesländer und ihre Hauptstädte
- kennen weitere wichtige Städte in Deutschland
- können Informationen aus Karten entnehmen
- können das Perfekt bilden

Material

- Material A „Lesekette“
- Material B „Deutschlandkarte“
- Arbeitsblatt A „Unterwegs in Deutschland mit dem Fernbus“
- Arbeitsblatt B „Ich fahre – ich bin gefahren“
- 1 Folie, 1 non-permanenter Folienstift
- Overhead-Projektor

Vorbereitung

Kopieren Sie die Materialien A „Lesekette“ und B „Deutschlandkarte“ und die Arbeitsblätter A „Unterwegs in Deutschland mit dem Fernbus“ und B „Ich fahre – ich bin gefahren“ jeweils in Klassenstärke.
Kopieren Sie das Material A „Lesekette“ einmal zusätzlich und schneiden Sie die Karten aus.
Kopieren Sie das Arbeitsblatt A „Unterwegs in Deutschland mit dem Fernbus“ einmal auf Folie und legen Sie einen non-permanten Folienstift bereit.

Stundenverlauf

Einstieg

ca. 10 Minuten
Verteilen Sie die Karten des Materials A „Lesekette“ an Ihre Schüler. Sollten es zu wenige Karten sein, lesen nur einzelne Schüler vor. Sollten es zu viele Karten sein, erhalten leistungsstarke Schüler mehrere Karten. Klären Sie vorab den Begriff „Landeshauptstadt“. Der Schüler mit der Karte, die mit „START“ beginnt, liest seine Karte vor. Es ergibt sich eine Lesekette, bis der letzte Schüler „ENDE“ vorliest. Sie können bei Bedarf einen weiteren Durchlauf starten.

Erarbeitung

ca. 25 Minuten
Verteilen Sie die beiden Materialien und die beiden Arbeitsblätter an alle Schüler. Diese bearbeiten zunächst Arbeitsblatt A „Unterwegs in Deutschland mit dem Fernbus“ in Partnerarbeit. Klären Sie vorab den Begriff „Fernbus“. Anschließend bearbeiten sie Arbeitsblatt B „Ich fahre – ich bin gefahren“ mithilfe der Materialien in Einzelarbeit. Die Ergebnisse der beiden Arbeitsblätter werden im Plenum verglichen.

Abschlussphase

ca. 10 Minuten
Legen Sie die Folie von Arbeitsblatt A „Unterwegs in Deutschland mit dem Fernbus“ auf den Overhead-Projektor. Markieren Sie zwei Städte. Befragen Sie die Schüler, wie man von einem Ort zu dem anderen gelangt und durch welche anderen Städte man dabei fährt. Spielen Sie mehrere Runden, in denen auch die Schüler den Anfangs- und Zielort festlegen dürfen.

A: Lesekette

START Wie heißt die Landes-hauptstadt von **Bayern**?	Die Landeshauptstadt von **Bayern** heißt München. Wie heißt die Landes-hauptstadt von **Baden-Württemberg**?	Die Landeshauptstadt von **Baden-Württemberg** heißt **Stuttgart**. Wie heißt die Landes-hauptstadt von **Niedersachsen**?	Die Landeshauptstadt von **Niedersachsen** heißt **Hannover**. Wie heißt die Landes-hauptstadt von **Bremen**?
Die Landeshauptstadt von **Bremen** heißt **Bremen**. Wie heißt die Landes-hauptstadt von **Mecklenburg-Vorpommern**?	Die Landeshauptstadt von **Mecklenburg-Vorpommern** heißt Schwerin. Wie heißt die Landes-hauptstadt von **Hessen**?	Die Landeshauptstadt von **Hessen** heißt **Wiesbaden**. Wie heißt die Landes-hauptstadt von **Hamburg**?	Die Landeshauptstadt von **Hamburg** heißt **Hamburg**. Wie heißt die Landes-hauptstadt von **Berlin**?
Die Landeshauptstadt von **Berlin** heißt **Berlin**. Wie heißt die Landes-hauptstadt vom **Saarland**?	Die Landeshauptstadt vom **Saarland** heißt **Saarbrücken**. Wie heißt die Landes-hauptstadt von **Rheinland-Pfalz**?	Die Landeshauptstadt von **Rheinland-Pfalz** heißt **Mainz**. Wie heißt die Landes-hauptstadt von **Brandenburg**?	Die Landeshauptstadt von **Brandenburg** heißt **Potsdam**. Wie heißt die Landes-hauptstadt von **Thüringen**?
Die Landeshauptstadt von **Thüringen** heißt **Erfurt**. Wie heißt die Landes-hauptstadt von **Sachsen**?	Die Landeshauptstadt von **Sachsen** heißt **Dresden**. Wie heißt die Landes-hauptstadt von **Sachsen-Anhalt**?	Die Landeshauptstadt von **Sachsen-Anhalt** heißt **Magdeburg**. Wie heißt die Landes-hauptstadt von **Nordrhein-Westfalen**?	Die Landeshauptstadt von **Nordrhein-Westfalen** heißt **Düsseldorf**. ENDE

B: Deutschlandkarte

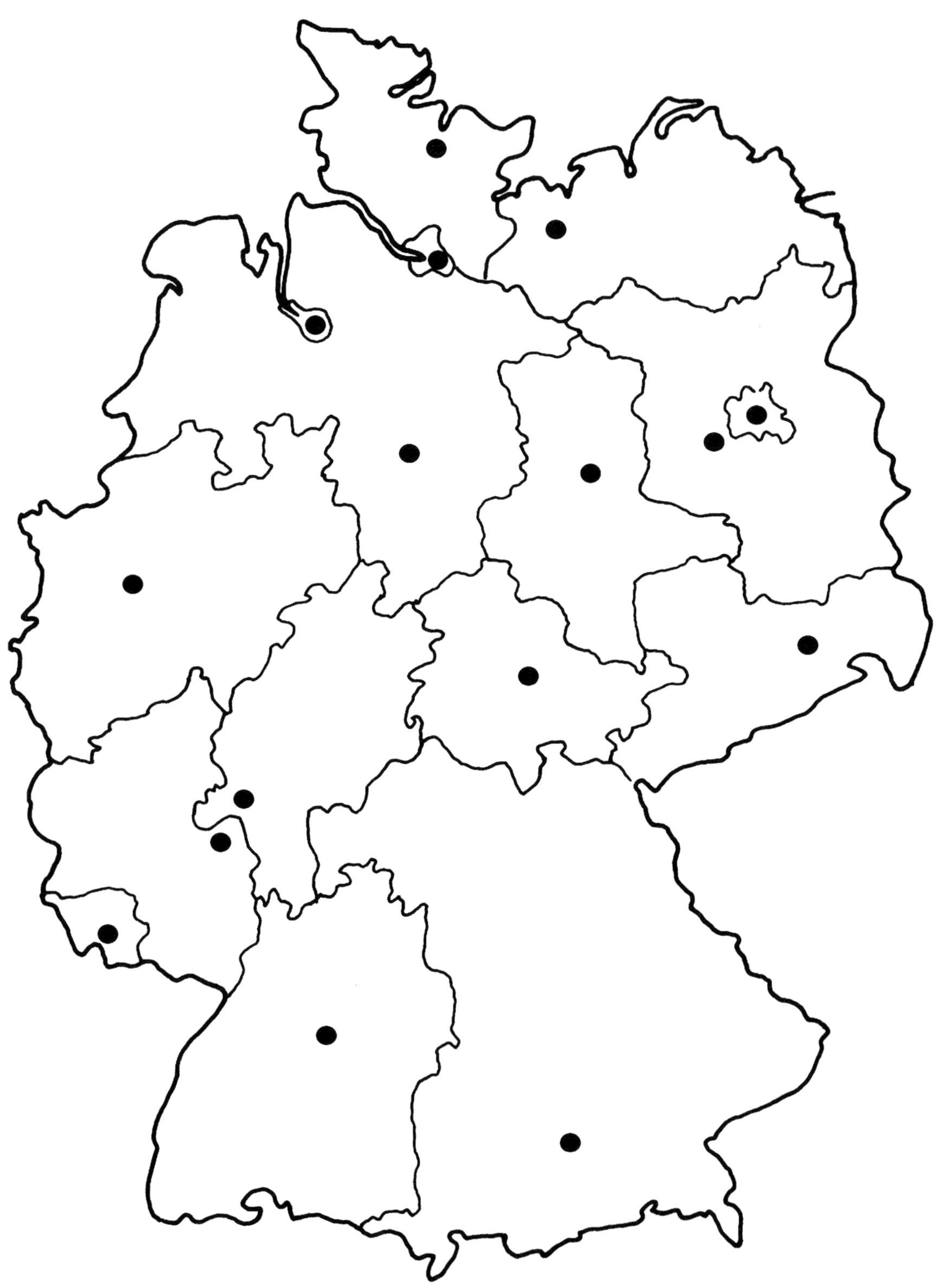

Abb.: © Verlag an der Ruhr

A: Unterwegs in Deutschland mit dem Fernbus

Aufgaben

1. Herr Müller will von Stuttgart nach Berlin. Über welche Städte fährt er?

....

....

....

2. Frau Özdemir fährt von Frankfurt aus drei Stationen. In welchen Städten könnte sie ankommen?

....

....

....

3. Wie kann man reisen, wenn man von München nach Hamburg fahren möchte?

....

....

....

Landkarte: © Verlag an der Ruhr; Bus: Norbert Höveler

B: Ich fahre – ich bin gefahren

Aufgaben

1. Konjugiere das Verb „fahren“. Trage die Verbformen in die Tabelle ein.

Präsens	Perfekt
ich	ich
du	du
er/sie/es	er/sie/es
wir	wir
ihr	ihr
sie	sie

2. Fülle die Lücken mit den Verbformen von „fahren“ aus.

Ich .... mit dem Fernbus von Frankfurt nach München ....
Herr und Frau Schmidt .... von Hamburg nach Berlin.
.... du heute noch los?
Wir .... heute mit dem Zug ....
Durch welche Städte .... ihr .... ?

3. Woran kannst du erkennen, ob du Präsens oder Perfekt einsetzen musst? Schreibe eine Regel auf.

....

4. Trage die Himmelsrichtungen in die Lücken ein:

Norden Westen Osten Süden

Versuche, dich an die Namen der Landeshauptstädte zu erinnern. Falls du Hilfe dabei brauchst, schaue auf Material A „Lesekette“ nach. Markiere dann die genannten Bundesländer auf Material B „Deutschlandkarte“ und trage die Namen der Hauptstädte ein.

Bayern liegt im .... von Deutschland.
Die Landeshauptstadt von Bayern heißt ....
Nordrhein-Westfalen liegt im .... von Deutschland.
Die Landeshauptstadt heißt ....
Schleswig-Holstein liegt im .... von Deutschland.
Die Landeshauptstadt heißt ....
Sachsen liegt im .... von Deutschland.
Die Landeshauptstadt heißt ....

 © Verlag an der Ruhr | Nina Wilkening | ISBN 978-3-8346-3803-8 | www.verlagruhr.de

MINI-EINHEIT: Freizeit

In dieser Einheit, die sich über sechs Stunden erstreckt, geht es um folgende Themen:

- **Stunde 22:** Medien und Mediengebrauch
- **Stunde 23:** Hobbys und Freizeitgestaltung
- **Stunde 24:** Verabredungen
- **Stunde 25:** Vorlieben
- **Stunde 26:** Blick in die Vergangenheit
- **Stunde 27:** Blick in die Zukunft

In dieser Einheit haben die Schüler vielfach Gelegenheit, sich selbst einzubringen und von ihrem Freizeitverhalten, ihren Fähigkeiten und ihren Vorlieben zu berichten. Für die Schüler sind die Themen dieser Einheit sehr wichtig, denn sie ermöglichen ihnen, sich mit anderen zu verabreden und soziale Kontakte zu pflegen. In den Stunden 26 und 27 schauen die Schüler in die (nahe) Vergangenheit und Zukunft.

Weiterführende Anregungen

- Erkundigen Sie sich nach Sportvereinen, Jugendtreffs etc. vor Ort. Besuchen Sie die Einrichtungen und ermöglichen Sie Ihren Schülern eine erste Kontaktaufnahme.
- Gehen Sie gemeinsam mit den Schülern ins Kino oder Schwimmbad oder besuchen Sie mit ihnen Parkanlagen mit Sportgeräten.
- Fordern Sie die Schüler auf, Freizeitaktivitäten vorzustellen, oder bringen Sie als Anregung Sportgeräte mit, die die Schüler ausprobieren und in ihrer Freizeit oder großen Pausen nutzen können (Skateboard, Tischtennisschläger, Slagline).
- Lassen Sie die Schüler in Partner- oder Gruppenarbeit Collagen von Zukunftsträumen erstellen.

Medien und Mediengebrauch

Darum geht's

Die Auseinandersetzung mit verschiedenen Medien und ihr Gebrauch regt die Schüler in dieser Stunde zur Reflexion über ihre eigene Mediennutzung an. Sie vergleichen ihren Mediengebrauch mit dem ihrer Mitschüler.

Kompetenzerwartungen

Die Schüler ...

- kennen Begriffe für Medien
- können über den eigenen Mediengebrauch erzählen
- vergleichen ihren Mediengebrauch mit dem ihrer Mitschüler

Material

- Arbeitsblatt „Mediennutzung"
- Folienvorlage „Mediennutzung in der Klasse"
- verschiedene Medien: z.B. Handy, Radio, Computer/Laptop, Smartphone, CD-Player
- 1 Folie, 1 Folienstift
- Overhead-Projektor

Vorbereitung

Kopieren Sie das Arbeitsblatt „Mediennutzung" in Klassenstärke. Kopieren Sie die Folienvorlage „Mediennutzung in der Klasse" einmal auf Folie. Stellen Sie verschiedene zur Verfügung stehende Medien bereit.

Stundenverlauf

Einstieg

ca. 5 Minuten

Legen Sie die Medien auf einem Tisch bereit, sodass alle Schüler sie sehen können. Lassen Sie die Schüler erklären, wofür die Medien genutzt werden. Sollten Sie feststellen, dass viele Schüler die deutschen Begriffe nicht kennen, schreiben Sie spontan die Namen der Medien an die Tafel, sodass diese als Wortspeicher dient. Wenn Sie nicht für alle Medien einen Ansichtsgegenstand haben, erklären Sie den Schülern ggf. weitere Medien ohne Gegenstände. Stellen Sie sicher, dass Sie alle Medien, die auf dem Arbeitsblatt „Mediennutzung" zu finden sind, vor dem Beginn der Erarbeitung besprechen.

Erarbeitung

ca. 25 Minuten

Die Schüler bearbeiten das Arbeitsblatt „Mediennutzung" und tragen ihre eigenen Mediennutzungsgewohnheiten in die erste Tabelle ein. Dann befragen die Schüler vier Klassenkameraden und füllen so die übrigen Tabellen aus. Während der Gespräche erklären sie den Mitschülern auch jeweils ihre eigene Mediennutzung. Abschließend notieren sie in ihr Heft, welche Medien am häufigsten und welche nie oder selten genutzt werden. Sehr schnelle und leistungsstarke Schüler können versuchen, die Nutzungsgewohnheiten mithilfe eines Diagrammes, z.B. eines Balkendiagrammes, darzustellen.

Abschlussphase

ca. 15 Minuten

Lassen Sie die Schüler ihre Ergebnisse vortragen. Legen Sie die Folie auf. Befragen Sie die komplette Klasse nach ihren Mediennutzungsgewohnheiten und halten Sie die Zahlen in der Tabelle auf der Folie fest (z.B. „Sechs Schüler geben an, dass sie das Handy täglich benutzen ..."). Decken Sie die Formulierungshilfen auf der Folie je nach Leistungsstand Ihrer Schüler ab. Werten Sie gemeinsam mit den Schülern aus, welche Gewohnheiten die Klasse zeigt. Wenn Sie noch Zeit haben, können sie zusätzlich mit den Schülern überlegen, warum sie bestimmte Medien öfter nutzen als andere und welche Bedeutung bestimmte Medien für sie haben.

Mediennutzung

Aufgaben

1. **Trage in die erste Tabelle ein, wie du die verschiedenen Medien benutzt.**
2. **Befrage vier Mitschüler, wie oft sie die Medien benutzen. Erkläre ihnen auch jeweils, welche Dinge du wie oft benutzt.**
3. **Fasse in deinem Heft zusammen: Welche Medien werden am häufigsten benutzt, welche selten und welche nie?**

Schüler 1: Name: ....

Medien	**täglich**	**oft**	**selten**	**nie**
Wie oft benutzt du das Handy/Smartphone?				
Wie oft benutzt du den Fernseher?				
Wie oft spielst oder arbeitest du am Computer/Laptop?				
Wie oft benutzt du das Radio?				

Schüler 2: Name: ....

Medien	**täglich**	**oft**	**selten**	**nie**
Wie oft benutzt du das Handy/Smartphone?				
Wie oft benutzt du den Fernseher?				
Wie oft spielst oder arbeitest du am Computer/Laptop?				
Wie oft benutzt du das Radio?				

Schüler 3: Name: ....

Medien	**täglich**	**oft**	**selten**	**nie**
Wie oft benutzt du das Handy/Smartphone?				
Wie oft benutzt du den Fernseher?				
Wie oft spielst oder arbeitest du am Computer/Laptop?				
Wie oft benutzt du das Radio?				

Schüler 4: Name: ....

Medien	**täglich**	**oft**	**selten**	**nie**
Wie oft benutzt du das Handy/Smartphone?				
Wie oft benutzt du den Fernseher?				
Wie oft spielst oder arbeitest du am Computer/Laptop?				
Wie oft benutzt du das Radio?				

Schüler 5: Name: ....

Medien	**täglich**	**oft**	**selten**	**nie**
Wie oft benutzt du das Handy/Smartphone?				
Wie oft benutzt du den Fernseher?				
Wie oft spielst oder arbeitest du am Computer/Laptop?				
Wie oft benutzt du das Radio?				

Mediennutzung in der Klasse

Medien	**täglich**	**oft**	**selten**	**nie**
Wie oft benutzt du das Handy/Smartphone?				
Wie oft benutzt du den Fernseher?				
Wie oft spielst oder arbeitest du am Computer/Laptop?				
Wie oft benutzt du das Radio?				

Häufig …

Normalerweise …

Ich benutze nie …

Stattdessen …

Es ist normal für mich, …

Ich habe kein(en) …

Meine Familie hat …

Mir ist … wichtig, weil …

Meine Klassenkameraden …

Ich habe immer …

Ich benutze …, um …

Ich schaue meistens …

Gerne mache ich …

Hobbys und Freizeitgestaltung

Darum geht's

Die Schüler setzen sich mit ihrer Freizeit auseinander. Sie lernen Begriffe für Freizeitbeschäftigungen kennen, reflektieren ihre eigenen Fähigkeiten und lernen auch die Vorlieben ihrer Mitschüler kennen.

Kompetenzerwartungen

Die Schüler …
- können über ihre eigenen Fähigkeiten sprechen
- kennen Begriffe für Hobbys und Freizeitbeschäftigungen
- kennen die Hobbys ihrer Mitschüler
- kennen Reflexivpronomen

Material

- Material A „Würfelspiel: Meine Talente, meine Wünsche, meine Ziele"
- Arbeitsblatt „Freizeitbeschäftigungen"
- Material B „Hobby-Bingo"
- Overhead-Projektor
- pro Schüler 1 Spielfigur
- pro Spielgruppe 1 Würfel
- genügend Scheren und Kleber

Vorbereitung

Kopieren Sie das Material A: „Würfelspiel: Meine Talente, meine Wünsche, meine Ziele" pro Spielgruppe (max. fünf Schüler) einmal. Stellen Sie die Spielfiguren für alle Schüler und Würfel für alle Gruppen bereit.
Kopieren Sie das Material A „Würfelspiel: Meine Talente, meine Wünsche, meine Ziele" einmal auf Folie.
Kopieren Sie das Arbeitsblatt „Freizeitbeschäftigungen" und das Material B „Hobby-Bingo" jeweils in Klassenstärke.

Stundenverlauf

Einstieg

ca. 5 Minuten
Legen Sie die Folie des Materials A: „Würfelspiel: Meine Talente, meine Wünsche, meine Ziele" auf. Decken Sie dabei die Spielanleitung ab. Erklären Sie den Schülern, dass es heute um Hobbys und Freizeitbeschäftigungen geht. Bitten Sie die Schüler, sich dazu zu äußern, was sie in ihrer Freizeit unternehmen. Die Folie kann dabei als Wortspeicher unterstützend wirken. Erklären Sie den Schülern die Regeln des Würfelspiels, das sie in der Erarbeitung spielen werden.

Erarbeitung

ca. 25 Minuten
Die Schüler treffen sich in einer Gruppe von maximal fünf Schülern und spielen das Würfelspiel des Materials A: „Würfelspiel: Meine Talente, meine Wünsche, meine Ziele". Anschließend bearbeiten sie das Arbeitsblatt „Freizeitbeschäftigungen" in Einzelarbeit. Die Lösungen werden im Plenum besprochen. Lassen Sie einige Schüler auch ihre selbst verfassten Texte vorlesen.

Abschlussphase

ca. 15 Minuten
Teilen Sie das Material B „Hobby-Bingo" aus. Die Schüler schneiden alle Karten aus, wählen aber nur neun Karten aus, die sie in die Vorlage legen. Die übrigen Karten werden vorerst nicht mehr gebraucht. Lesen Sie nacheinander alle Hobbys vor. Die Schüler, die einen Treffer haben, markieren diesen. Wer eine Reihe markiert hat (jeweils drei Kästchen nebeneinander; senkrecht, waagrecht oder diagonal) ruft „Bingo". Es können mehrere Runden gespielt werden. Dabei ändern die Schüler die Karten in ihrer Bingo-Vorlage.

A: Würfelspiel: Meine Talente, meine Wünsche, meine Ziele

Spielregeln

Würfle. Sage den anderen, ob du das, was du auf dem Bild siehst, gern oder nicht gern machst; ob du es gut kannst oder dich freuen würdest, es zu lernen, oder ob du es langweilig findest. Beispiel: „Ich würde gerne tanzen lernen." oder „Ich kann nicht singen." Gewonnen hat, wer als Erster im Ziel angekommen ist.

singen	nähen	pfeifen	rennen	Tischtennis spielen
rechnen	malen	klettern	ausruhen	bergsteigen
Computer spielen	Schlittschuh laufen	**ZIEL**	Fußball spielen	lernen
lesen	basteln	Seil springen	fernsehen	Kuchen backen
schwimmen	kochen	Gedichte schreiben	Musik hören	Gitarre spielen
START ↑	tanzen	kickern	ins Kino gehen	Fahrrad fahren

Abb. nähen, klettern: © Verlag an der Ruhr; alle anderen Abb.: Norbert Höveler

Freizeitbeschäftigungen

Aufgaben

1. Trage deine Hobbys in das Wortfeld ein. Ordne zu: Sind sie teuer oder billig, gesund oder ungesund?

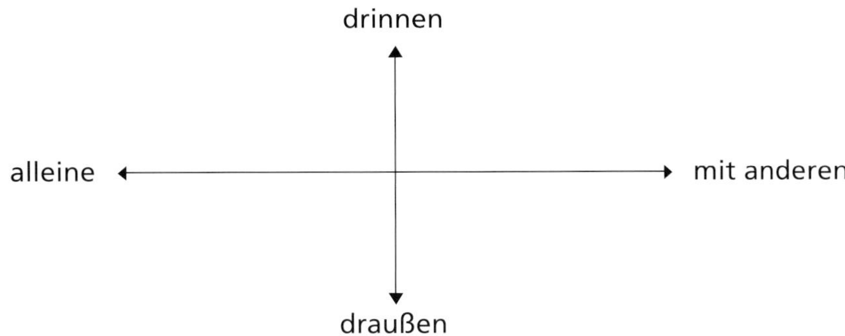

2. Ergänze die fehlenden Reflexivpronomen.

mich dich sich mich sich dich

Susanne und Linda verabreden .... mit Freunden zum Essen. Sie sind spät dran.

Linda sagt: „Ich möchte .... davor aber noch umziehen!"

Susanne antwortet: „Warum willst du .... umziehen? Dein Pullover ist doch schön!"

Linda: „Ich möchte .... umziehen, weil mir mein Pullover zu warm ist."

Susanne: „In Ordnung, ich warte auf ...."

Linda freut .... darüber.

3. Was machst du, wenn du von der Schule nach Hause kommst? Schreibe auf. Benutze dabei mindestens drei der folgenden Wörter:

zuerst dann danach anschließend nachmittags abends bevor

....

....

....

....

....

....

....

....

....

B: Hobby-Bingo

Verabredungen

Darum geht's

In dieser Stunde lernen die Schüler, wie sie sich miteinander verabreden können und auf Verabredungsanfragen reagieren.

Kompetenzerwartungen

Die Schüler …
- können nach einer Verabredung fragen
- können auf eine Verabredungsanfrage antworten

Material

- Material „Spiel ‚Willst du mit mir ins Kino gehen?' " (2 Seiten)
- Arbeitsblatt A „Dialog-Puzzle: Verabredung ★"
- Arbeitsblatt B „Dialog-Puzzle: Verabredung ★ ★"
- pro Schüler 1 DIN-A4-Blatt
- genügend Scheren und Kleber

Vorbereitung

Kopieren Sie für die Einstiegsphase die beiden Seiten des Materials „Spiel ‚Willst du mit mir ins Kino gehen?' " jeweils einmal. Schneiden Sie die Karten aus.
Kopieren Sie die Arbeitsblätter A „Dialog-Puzzle: Verabredung ★" und B „Dialog-Puzzle: Verabredung ★ ★" jeweils so oft in den verschiedenen Schwierigkeitsstufen, dass jeder Schüler ein Arbeitsblatt erhält.

Stundenverlauf

Einstieg

ca. 10 Minuten
Verteilen Sie die Karten des Materials „Spiel ‚Willst du mit mir ins Kino gehen?' ". Ist die Schülerzahl ungerade, spielen Sie mit. Schicken Sie die Schüler im Raum herum, wobei ihre Aufgabe darin besteht, ihren Partner zu finden. Die Schüler sollen sich gegenseitig befragen, z. B.: „Willst du mit mir ins Kino gehen?". Hat der angesprochene Schüler die Kino-Karte, antwortet er mit „ja", ansonsten mit „nein" und geht weiter. Das Spiel ist beendet, wenn alle ihren Partner gefunden haben. Fragen Sie die Schülerpaare, zu welcher Aktivität sie sich verabredet haben. Sollten Sie zu wenig Karten haben, kopieren Sie weitere Paare.

Erarbeitung

ca. 25 Minuten
Nun lösen die Schüler das Dialog-Puzzle. Hierfür gibt es zwei unterschiedliche Schwierigkeitsgrade: Ein Stern bedeutet einfach, zwei Sterne bedeutet schwierig. Erläutern Sie den Schülern die Aufgaben. Die Lösungen werden im Plenum besprochen, bevor die Schüler die Streifen ausschneiden und auf ein Blanko-Blatt kleben. Dann suchen sie sich einen bzw. zwei Partner und lesen den komplettierten Dialog einmal laut vor. Anschließend versuchen die Schüler, einen eigenen Dialog in diesem Stil zu schreiben.

Abschlussphase

ca. 10 Minuten
Bitten Sie zwei bzw. drei Schüler, gemeinsam ihren selbst verfassten Dialog vorzulesen. Falls noch Zeit ist, lassen Sie weitere Schülergruppen vorlesen.

Spiel „Willst du mit mir ins Kino gehen?" (1/2)

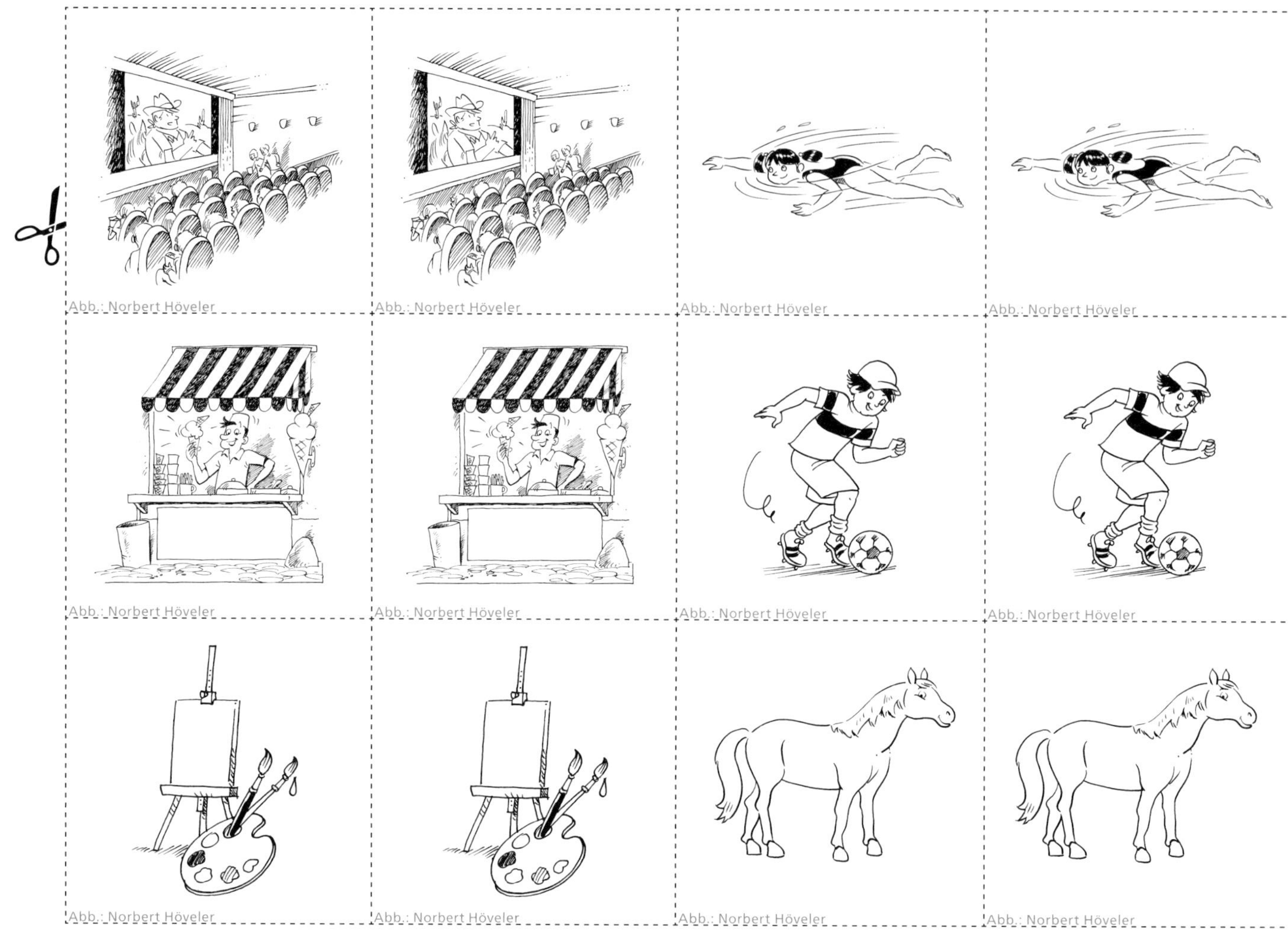

Spiel „Willst du mit mir ins Kino gehen?" (2/2)

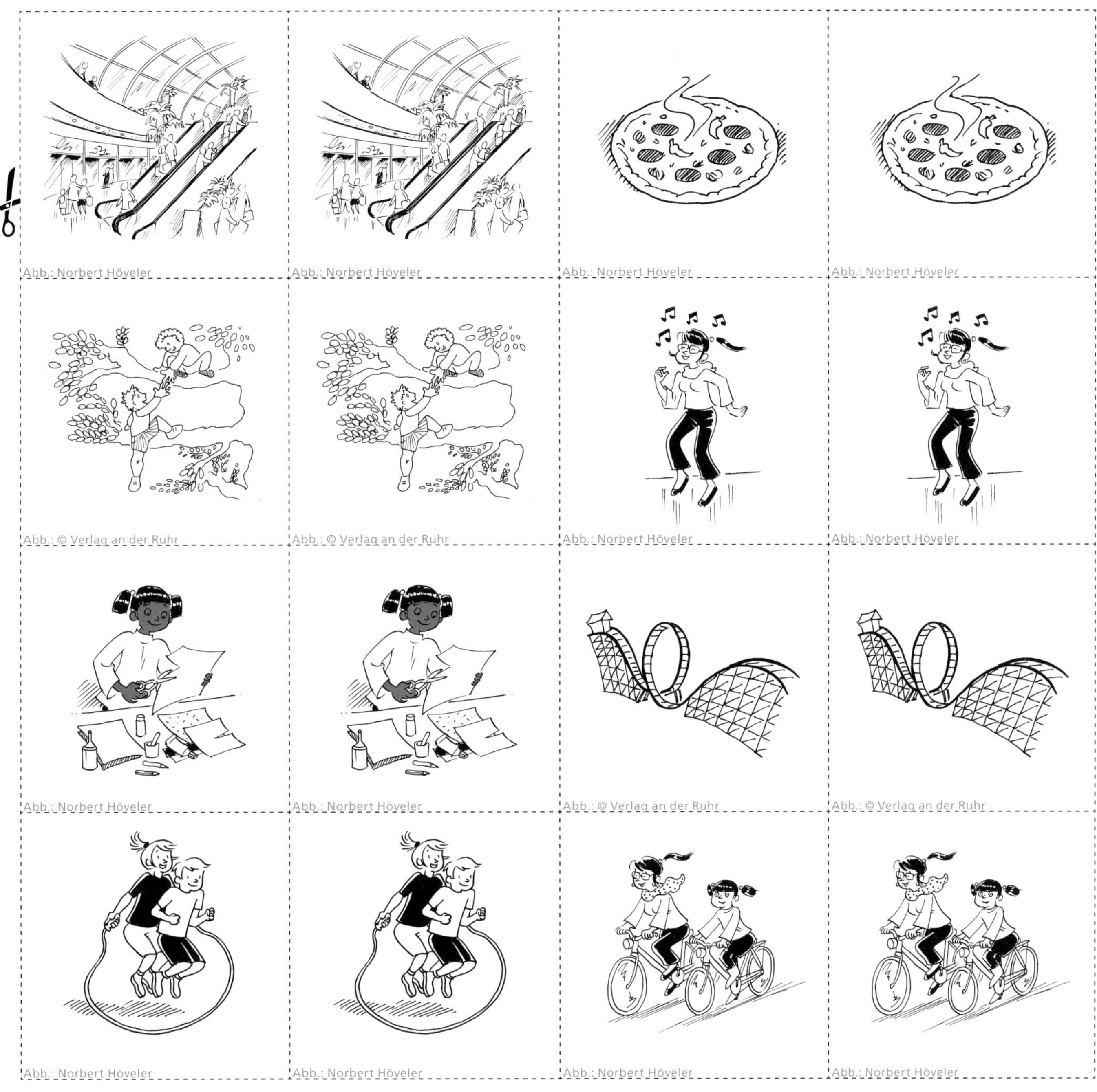

A: Dialog-Puzzle: Verabredung ★

Lamia möchte mit Leyla ins Kino gehen. Sie ruft sie an und fragt, ob sie Zeit hat. Das Telefonat ist aufgeschrieben, aber die einzelnen Sätze sind durcheinander.

Aufgaben

1. **Ordne die Streifen, sodass ein richtiges Telefonat entsteht.**
2. **Besprich die Lösung in der Klasse.**
3. **Schneide die Streifen aus und klebe sie in der richtigen Reihenfolge auf.**
4. **Suche dir einen Partner und lest den in die richtige Reihenfolge gebrachten Dialog laut vor.**
5. **Schreibe zusammen mit deinem Partner einen eigenen Dialog.**

Lamia	„Hallo, hier ist Lamia. Kann ich bitte Leyla sprechen?"
Leyla	„Tschüss, bis morgen."
Leyla	„Hallo Lamia, hier ist Leyla."
Leyla	„Toll, den Film wollte ich sowieso sehen. Wann beginnt der Film?"
Lamia	„Der Film beginnt um 16.30 Uhr. Treffen wir uns um 16.20 Uhr vor dem Kino?"
Lamia	„Hallo Leyla. Willst du mit mir ins Kino gehen?"
Lamia	„Super, bis gleich. Tschüss."
Leyla	„In welchen Film willst du denn gehen?"
Lamia	„Es kommt ‚Minions – Teil 6.'"
Leyla	„Ja, das klappt. Dann bis um 16.20 Uhr vor dem Kino."

 © Verlag an der Ruhr | Nina Wilkening | ISBN 978-3-8346-3803-8 | www.verlagruhr.de Abb.: © Norbert Höveler

B: Dialog-Puzzle: Verabredung ★★

Lamia möchte mit Leyla ins Kino gehen. Sie ruft sie an, doch Leyla hat keine Zeit. Dann fragt Lamia Hakan. Er hat Zeit und Lust. Beide Telefonate sind aufgeschrieben, aber durcheinander.

◎ Aufgaben

1. Ordne die Streifen, sodass zwei Telefonate entstehen.

2. Besprich die Lösung in der Klasse.

3. Schneide die Streifen aus und klebe sie in der richtigen Reihenfolge auf.

4. Suche dir zwei Partner und lest den in die richtige Reihenfolge gebrachten Dialog laut vor.

5. Schreibe zusammen mit deinen Partnern einen eigenen Dialog.

Lamia	„Hallo, hier ist Lamia. Kann ich bitte Leyla sprechen?"
Leyla	„Schade, um 16.30 Uhr kann ich nicht. Da muss ich zum Zahnarzt."
Leyla	„Tschüss, bis morgen."
Lamia	„Gute Idee, das mache ich. Tschüss."
Leyla	„Hallo Lamia, hier ist Leyla."
Leyla	„Wann beginnt der Film?"
Hakan	„Ja, bis gleich."
Lamia	„Hallo Hakan, hier ist Lamia."
Hakan	„Hallo Lamia, was gibt´s?"
Lamia	„Hakan, hast du Lust mit mir ins Kino zu gehen?"
Hakan	„Ja, ich gehe total gern ins Kino. Wann beginnt der Film?"
Lamia	„Der Film beginnt um 16.30 Uhr. Treffen wir uns um 16.20 Uhr vor dem Kino?"
Lamia	„Der Film beginnt um 16.30 Uhr."
Lamia	Hallo Leyla. Willst du mit mir ins Kino gehen?"
Leyla	„Danke. Frage doch Hakan, der geht gerne ins Kino."
Lamia	„Schade. Dann viel Glück beim Zahnarzt."
Lamia	„Super, bis gleich. Tschüss."

Vorlieben

Darum geht's

In dieser Unterrichtsstunde beschäftigen sich die Schüler damit, sich mit den eigenen Vorlieben auseinanderzusetzen, sich gegenseitig danach zu fragen und davon zu erzählen. Außerdem lernen sie, ihre verschiedenen Vorlieben mit Steigerungen auszudrücken und Vergleiche mit „als" zu bilden.

Kompetenzerwartungen

Die Schüler …

- können über eigene Vorlieben sprechen
- können andere nach ihren Vorlieben befragen
- kennen Vergleiche mit „als"
- kennen die Steigerungsformen

gern – lieber – am liebsten
viel – mehr – am meisten
gut – besser – am besten

Material

- Material „Was magst du?"
- Arbeitsblatt „Steigerungsformen"

Vorbereitung

Kopieren Sie das Material „Was magst du?" so oft, dass Sie für jeden Schüler eine der abgebildeten Karten bereitlegen können. Schneiden Sie die Karten aus.
Kopieren Sie das Arbeitsblatt „Steigerungsformen" in Klassenstärke.

Stundenverlauf

Einstieg

ca. 10 Minuten
Treffen Sie sich mit den Schülern im Stuhlkreis. Verteilen Sie jeweils eine Karte des Materials „Was magst du?" an die Schüler. Stellen Sie eine Frage (z. B. „Magst du Katzen gern?"). Ein Schüler beantwortet die Frage („Ja, ich mag Katzen gern." oder „Nein, ich mag Katzen nicht."). Antwortet ein Schüler mit „Nein, mag ich nicht.", kann weiter gefragt werden: „Was magst du stattdessen lieber?".
Nun stellt der Schüler einem Mitschüler eine Frage, die sich auf die an ihn ausgeteilte Karte bezieht. Das Spiel ist beendet, wenn alle Schüler einmal gefragt haben.

Erarbeitung

ca. 20 Minuten
Die Schüler bearbeiten das Arbeitsblatt „Steigerungsformen" in Einzelarbeit. Anschließend treffen sie sich mit einem Partner und stellen sich gegenseitig ihre Arbeitsergebnisse vor.

Abschlussphase

ca. 15 Minuten
Schreiben Sie an die Tafel:

hoch – höher – am höchsten
schwer – schwerer – am schwersten
lang – länger – am längsten
weit – weiter – am weitesten

Lassen Sie die Schüler schriftlich in Einzel- oder Partnerarbeit Vergleiche mit „als" und passende Sätze zu den Steigerungsformen bilden. Geben Sie bei Bedarf ein Beispiel vor.
Anschließend tragen die Schüler ihre Sätze im Plenum vor.

Was magst du?

Steigerungsformen

gern – lieber – am liebsten
viel – mehr – am meisten
gut – besser – am besten

Aufgabe

Lies die Fragen und schaue dir das Beispiel an. Schreibe dann jeweils einen Satz als Antwort.

Welche Tiere magst du?
Ich mag Löwen gern, aber ich mag Elefanten lieber und Hasen habe ich am liebsten.

Welche Freizeitbeschäftigung magst du?

....

....

Welche Sportarten kannst du?

....

....

Welche Speisen isst du viel?

....

....

Welche Schulfächer kannst du?

....

....

Welche Musikrichtung hörst du viel?

....

....

Welche Farben magst du?

....

....

 © Verlag an der Ruhr | Nina Wilkening | ISBN 978-3-8346-3803-8 | www.verlagruhr.de

Blick in die Vergangenheit

Darum geht's

Die Schüler setzen sich mit der Vergangenheit auseinander und können das Perfekt von „haben", „sein", „kommen" und „sagen" bilden.

Kompetenzerwartungen

Die Schüler …
- können das Perfekt von „haben", „sein", „kommen" und „sagen" bilden

Material

- Arbeitsblatt „Was hast du wann gemacht?"
- Material „Würfel"
- pro Gruppe 1 Schere und Kleber

Vorbereitung

Kopieren Sie das Arbeitsblatt „Was hast du wann gemacht?" in Klassenstärke.
Kopieren Sie das Material „Würfel" für jedes Schülerpaar/jede Schülergruppe einmal.

Stundenverlauf

Einstieg

ca. 15 Minuten
Die Schüler arbeiten in Paaren oder Kleingruppen (max. vier Schüler). Sie basteln zunächst pro Paar/Gruppe einen Würfel mit dem Material. Jeder Schüler würfelt anschließend, liest die Frage, die auf der oberen Seite steht, und antwortet. Die Antwort hält er schriftlich im Heft fest. Das Spiel ist beendet, wenn jeder Schüler alle sechs Fragen beantwortet hat.

Erarbeitung

ca. 20 Minuten
Verteilen Sie das Arbeitsblatt „Was hast du wann gemacht?". Die Schüler füllen das Arbeitsblatt in Einzelarbeit aus. Erarbeiten Sie bei Bedarf vor der Bearbeitung des Arbeitsblattes die Konjugation der Verben im Perfekt an der Tafel.

Abschlussphase

ca. 10 Minuten
Fordern Sie die Schüler auf, einzelne Sätze, die sie auf die Würfel-Fragen geantwortet haben, vorzulesen. Besprechen Sie dann die Lösungen des Arbeitsblattes im Plenum.

Was hast du wann gemacht?

Aufgabe

Beantworte die Fragen. Benutze dabei das Perfekt von „sein“, „haben“, „kommen“ und „sagen“.

Wo warst du gestern?

....

Was hast du zuletzt zu deinem Sitznachbarn gesagt?

....

Welches Fach hattest du in der letzten Stunde?

....

Was hast du in den Ferien gemacht?

....

Wann bist du gestern nach Hause gekommen?

....

Welchen Film hast du neulich im Kino gesehen?

....

Wie hast du heute Nacht geschlafen?

....

Welcher Tag war gestern?

....

Wann bist du heute aufgestanden?

....

Was hast du vorgestern gemacht?

....

Würfel

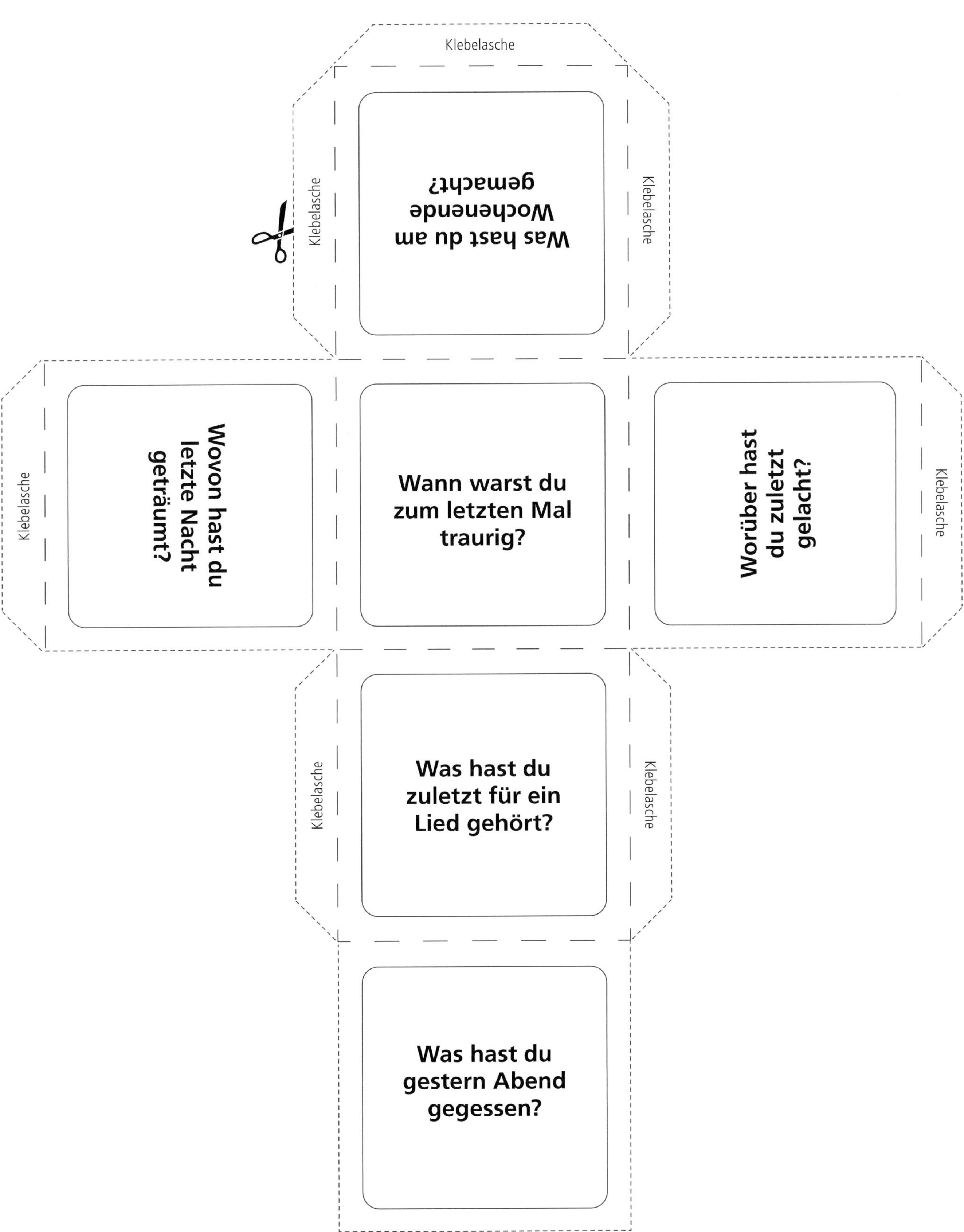
Klebelasche
Klebelasche
Klebelasche
Was hast du am Wochenende gemacht?
Klebelasche
Wovon hast du letzte Nacht geträumt?
Wann warst du zum letzten Mal traurig?
Worüber hast du zuletzt gelacht?
Klebelasche
Klebelasche
Was hast du zuletzt für ein Lied gehört?
Klebelasche
Was hast du gestern Abend gegessen?

Blick in die Zukunft

Darum geht's

In dieser Stunde setzen sich die Schüler mit der Zukunft auseinander. Sie lernen Sätze über die Zukunft im Präsens zu formulieren.

Kompetenzerwartungen

Die Schüler ...

- können Gedanken über die Zukunft im Präsens formulieren

Material

- Arbeitsblatt A „Blick in die Zukunft"
- Arbeitsblatt B „Partner-Interview"
- 1 kleiner, weicher Ball (alternativ 1 Stück zusammengeknülltes, weißes Papier)
- pro Schüler 1 Schere und Kleber

Vorbereitung

Kopieren Sie beide Arbeitsblätter A „Blick in die Zukunft" und B „Partner-Interview" in Klassenstärke.

Stundenverlauf

Einstieg

ca. 5 Minuten
Formulieren Sie eine Frage nach der Zukunft und werfen Sie einem Schüler den Ball zu (z. B. „Was machst du heute Nachmittag?"). Der Schüler beantwortet Ihre Frage und wirft Ihnen den Ball zurück. Werfen Sie weiteren Schülern den Ball zu und leiten Sie anschließend zur Erarbeitung über.

Erarbeitung

ca. 25 Minuten
Die Schüler bearbeiten das Arbeitsblatt A „Blick in die Zukunft". Erklären Sie den Schülern die Aufgaben. Teilen Sie ihnen mit, dass sie bei diesem Arbeitsblatt individuell entscheiden können und dass es kein „falsch" gibt.
Schüler, die dieses Arbeitsblatt beendet haben, treffen sich mit einem Partner und stellen ihm die Fragen des Arbeitsblattes B „Partner-Interview". Die Antworten ihres Partners tragen die Schüler in die Tabelle ein. Dann tauschen die Schüler die Rollen.

Abschlussphase

ca. 15 Minuten
Besprechen Sie mit den Schülern das Arbeitsblatt A „Blick in die Zukunft". Lassen Sie einzelne Schüler ihre Antworten vorstellen. Vergleichen Sie gemeinsam, welche unterschiedlichen Antwortmöglichkeiten entstanden sind.
Besprechen Sie anschließend die Ergebnisse von Arbeitsblatt B „Partner-Interview" im Plenum. Die Partner sollen jeweils füreinander die Ergebnisse in der Klasse vortragen.

A: Blick in die Zukunft

Aufgaben

1. Schneide die Puzzleteile unten aus und lies sie. Immer zwei Puzzleteile gehören zusammen.

2. Klebe die beiden Puzzleteile, die zusammengehören, nebeneinander in die Tabelle.

3. Schreibe die Sätze richtig auf.

Heute Nachmittag…	… muss ich viele Hausaufgaben machen.	Heute Nachmittag muss ich viele Hausaufgaben machen.

… gehe ich ganz früh ins Bett.	… findet ein wichtiges Fußballspiel statt.	In 30 Jahren…	… besuche ich Oma und Opa.
In zwei Minuten …	Heute Abend …	… ist die Stunde zu Ende.	… habe ich eine Familie mit drei Kindern.
In den nächsten Ferien …	Am Wochenende …		

B: Partner-Interview

Aufgaben

1. Stelle deinem Partner die Fragen.

2. Schreibe auf, was dein Partner gesagt hat.

Mein Partner heißt: ....

Frage	Antwort meines Partners
Was machst du in der nächsten Pause?	*In der nächsten Pause ...*
Was machst du, wenn die Schule zu Ende ist?	*Wenn die Schule zu Ende ist, ...*
Was machst du heute Nachmittag?	
Was machst du heute Abend?	
Was machst du heute Nacht?	
Was machst du morgen?	
Was machst du am Wochenende?	
Was machst du, wenn du erwachsen bist?	

 © Verlag an der Ruhr | Nina Wilkening | ISBN 978-3-8346-3803-8 | www.verlagruhr.de

MINI-EINHEIT: Jahreszeiten

In dieser Einheit, die sich über drei Stunden erstreckt, geht es um folgende Themen:

- **Stunde 28:** Wetter
- **Stunde 29:** Jahreszeiten
- **Stunde 30:** Feste feiern

Die Schüler lernen dabei einiges über das Leben in Deutschland. So wird es sicherlich auch in Ihrer Klasse Schüler geben, die vor ihrer Ankunft in Deutschland noch keinen Schnee gesehen haben. Beim Thema „Jahreszeiten" werden sowohl einheimische Pflanzen (z. B. Kastanie) als auch Aktivitäten (z. B. Drachen steigen lassen im Herbst) benannt, die viele aus ihrer Heimat nicht kennen werden. Das Thema „Feste feiern" beleuchtet die in Deutschland üblicherweise gefeierten Feste (neben den kirchlichen Festen auch den Geburtstag, der in anderen Ländern nicht gefeiert wird) und lädt ebenfalls dazu ein, mit den Schülern ins Gespräch darüber zu kommen, welche Feste in ihren Familien und Herkunftsländern gefeiert werden.

Weiterführende Anregungen

- Besorgen Sie im Internet oder in Erdkundebüchern Daten über das Klima in den Herkunftsländern der Schüler (z. B. Klimadiagramme oder Wettervorhersagen für die aktuelle Woche). Lassen Sie die Schüler die klimatischen Verhältnisse vergleichen.
- Führen Sie mit den Schülern ein Wettertagebuch, in dem Sie über einen bestimmten Zeitraum (eine Woche oder einen Monat) an jedem Tag das Wetter und die Temperatur festhalten.
- Lassen Sie von den Schülern in Gruppen Jahreszeitencollagen erstellen.
- Feiern Sie mit den Schülern (und eventuell auch den Eltern) eigene Feste (z. B. ein Herbstfest).
- Bitten Sie die Schüler, Bilder und Utensilien, die sie anlässlich von Festtagen benutzen, mitzubringen und deren Gebrauch und Bedeutung zu erklären.
- Besuchen Sie gemeinsam einen Weihnachtsmarkt, ein Frühlingsfest oder einen Karnevalsumzug.

Wetter

Darum geht's

Mit dem Wetter und seinen Phänomenen beschäftigen sich die Schüler in dieser Unterrichtsstunde. Sie lernen, Vorhersagen zu verstehen und selbst zu verfassen.

Kompetenzerwartungen

Die Schüler …

- kennen Begriffe für Wetterphänomene
- können Informationen aus einer Wettervorhersage entnehmen
- können selbst eine Wettervorhersage verfassen

Material

- Arbeitsblatt A „Wettervorhersage"
- Arbeitsblatt B „Wetter-Triomino"
- 1 Folie
- Overhead-Projektor
- ggf. Anleitung „Wettermassage" (s. Abschlussphase)

Vorbereitung

Kopieren Sie die Arbeitsblätter A „Wettervorhersage" und B „Wetter-Triomino" jeweils in Klassenstärke.
Kopieren Sie das Arbeitsblatt A „Wettervorhersage" ein weiteres Mal auf Folie.
Kopieren Sie sich ggf. die Anleitung zur „Wettermassage" für die Abschlussphase.

Stundenverlauf

Einstieg

ca. 10 Minuten
Legen Sie die Folie zum Arbeitsblatt A „Wettervorhersage" auf. Decken Sie den unteren Teil der Folie ab, da Sie zunächst nur die obere Tabelle mit der Wettervorhersage besprechen. Klären Sie ggf. einzelne Begriffe mit den Schülern, falls diese die passenden Wörter zu den Bildern nicht kennen. Besprechen Sie mit den Schülern, an welchen Tagen welches Wetter vorhergesagt wird. Erklären Sie den Schülern die Aufgaben auf dem unteren Teil der Folie und leiten Sie zur Erarbeitung über.

Erarbeitung

ca. 30 Minuten
Die Schüler bearbeiten das Arbeitsblatt A „Wettervorhersage" in Einzelarbeit. Das Lösungswort lautet: Hagelkorn. Dann schreiben die Schüler eine eigene Wettervorhersage für den morgigen Tag. Anschließend holen die Schüler sich das Arbeitsblatt B „Wetter-Triomino", schneiden die Karten aus und versuchen, den Stern wieder zusammenzupuzzeln.
Lassen Sie einige Schüler ihre Wettervorhersagen vorlesen.

Abschlussphase

ca. 5 Minuten
Treffen Sie sich mit den Schülern im Stuhlkreis. Legen Sie ggf. den Text der Wettermassage vor sich, sodass Sie ihn lesen können, aber die Hände zum Massieren frei haben. Denken Sie sich alternativ eigene Bewegungen aus.
Lesen Sie den Text vor und führen Sie die Bewegungen aus. Die Schüler sprechen den Text nach und führen ebenfalls die Bewegungen aus:

- *„Die Sonne scheint." – mit den Händen mehrfach über die Oberschenkel streichen*
- *„Es beginnt, zu regnen." – mit den Fingern leicht auf die Oberschenkel tippen*
- *„Es regnet stärker." – mit den Fingern auf die Oberschenkel prasseln*
- *„Es donnert." – mit der Faust auf die Oberschenkel hauen*
- *„Es blitzt." – einen Blitz auf den Oberschenkeln mit den Fingern ziehen*

Blitz und Donner wiederholen, dann rückwärts die Schritte durchführen: Starkregen – leichter Regen – Sonnenschein.

A: Wettervorhersage

Montag	Dienstag	Mittwoch	Donnerstag	Freitag	Samstag	Sonntag

Aufgaben

1. Schaue dir die Wettervorhersage für die Woche an.

2. Kreuze in der Tabelle an: Richtig oder falsch?

3. Schreibe das Lösungswort auf.

4. Schreibe eine eigene Wettervorhersage für morgen in dein Heft.

	Richtig		**Falsch**	
Am Montag scheint die Sonne.		H		A
Am Dienstag wird es kalt.		A		E
Am Mittwoch fällt Schnee.		K		G
Am Donnerstag gibt es ein Gewitter.		E		H
Am Freitag fällt Regen.		N		L
Am Samstag scheint die Sonne.		S		K
Am Sonntag hagelt es.		O		O
An keinem Tag gibt es mehr als 10 Grad.		R		G
Jeden Tag gibt es Sonne.		T		N

Lösungswort: ....

Sonne, Schneekristalle, Thermometer: © Verlag an der Ruhr; alle anderen Abb.: Norbert Höveler

B: Wetter-Triomino

Aufgaben

1. **Schneide die Puzzleteile aus und mische sie gut.**
2. **Setze die Puzzleteile wieder richtig zusammen und klebe sie auf einem leeren Blatt auf.**

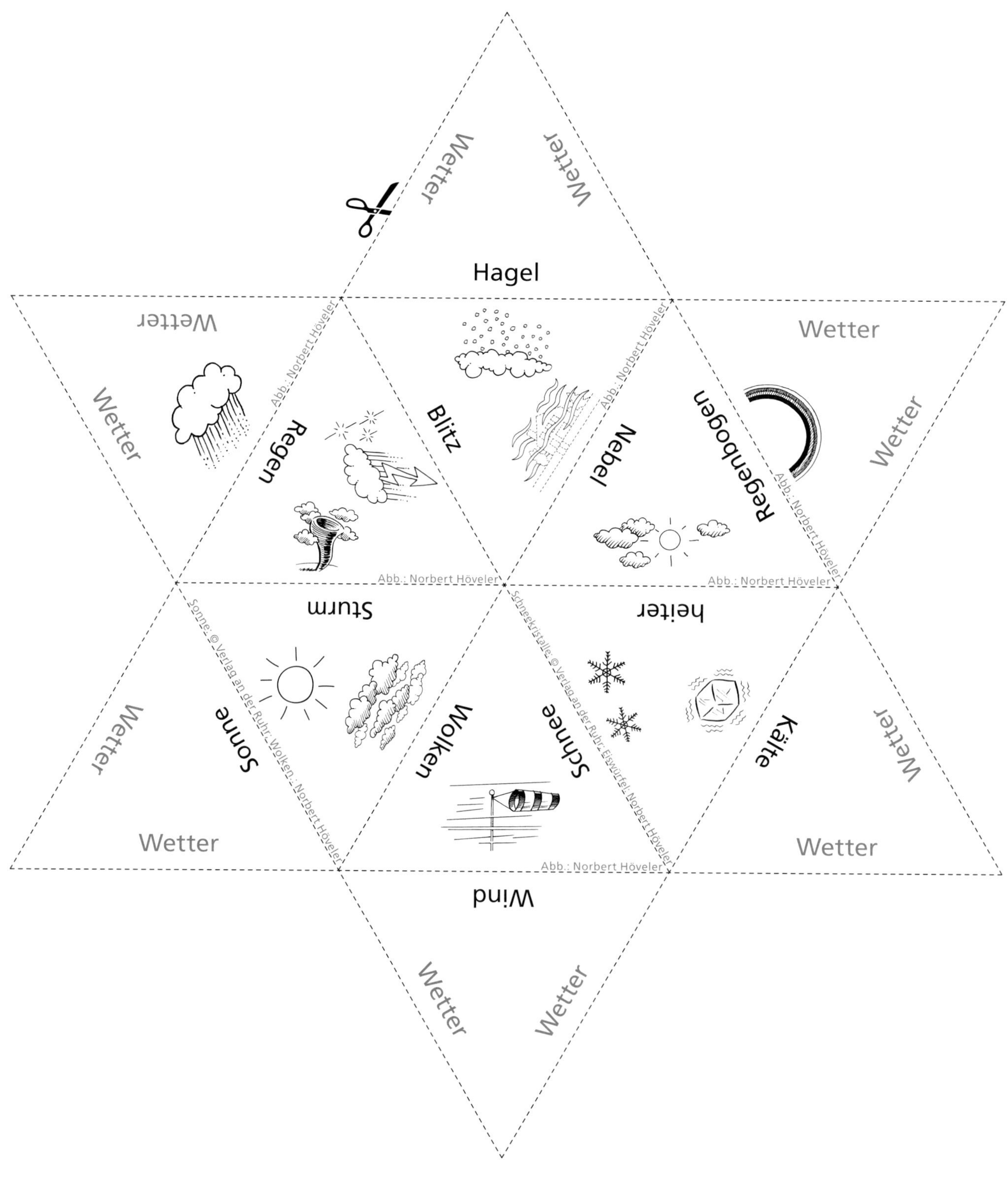

Jahreszeiten

Darum geht's

In dieser Stunde erfolgt die Auseinandersetzung mit den verschiedenen Jahreszeiten und ihren typischen Phänomenen und Aktivitäten.

Kompetenzerwartungen

Die Schüler …

- kennen jahreszeittypische Aktivitäten
- kennen die jahreszeitspezifischen Gegebenheiten in der Natur

Material

- Material „Jahreszeiten-Lotto" (2 Seiten)
- 4 DIN-A4-Blätter
- pro 4er-Gruppe mind. 1 Schere

Vorbereitung

Kopieren Sie die beiden Seiten des Materials „Jahreszeiten-Lotto" jeweils 2-mal pro 4er-Gruppe, jedoch jeweils einmal auf festem Ton-papier und einmal auf normalem Kopierpapier. Kopieren Sie die Materialien ein weiteres Mal für sich und schneiden Sie die Kärtchen aus. Beschriften Sie vier DIN-A4-Blätter mit jeweils einem Namen einer Jahreszeit.

Stundenverlauf

Einstieg

ca. 10 Minuten

Verteilen Sie die Kärtchen des Materials „Jahreszeiten-Lotto" an die Schüler. Achten Sie darauf, dass alle Jahreszeiten gleichmäßig vertreten sind. Sie können auch mehrere Kärtchen pro Schüler verteilen.

Legen Sie die vier Blätter mit den Jahreszeiten-Namen auf den Boden vor die Tafel. Treffen Sie sich mit den Schülern im Kinositz, sodass jeder eine gute Sicht auf die Blätter hat. Bitten Sie die Schüler, nacheinander ihre Karten zu zeigen und neben bzw. auf das passende Jahreszeiten-Blatt zu legen. Ist sich ein Schüler nicht sicher, können die anderen helfen. Klären Sie unklare Begriffe und Bilder. Bei Bedarf können Sie einen weiteren Durchlauf starten.

Erarbeitung

ca. 25 Minuten

Teilen Sie die Lerngruppe in 4er-Gruppen (alternativ in Paare) ein. Jede Gruppe erhält die beiden Seiten des Materials „Jahreszeiten-Lotto" zunächst auf Tonpapier und schneidet die als Lottokarten fungierenden Jahreszeiten als Ganzes aus. Anschließend erhält jede Gruppe die Kopien auf normalem Papier und schneidet die Kärtchen im Einzelnen aus.

Die Kärtchen werden verdeckt auf dem Tisch ausgebreitet. Der erste Schüler deckt eine Karte auf, äußert sich dazu, was er auf dem Bild sieht, und legt sie auf die entsprechende Lottokarte vor sich. Das Spiel ist zu Ende, wenn alle Kärtchen auf den Lottokarten liegen. Lassen Sie mehrere Runden spielen.

Abschlussphase

ca. 10 Minuten

Treffen Sie sich mit den Schülern im Sitzkreis. Erklären Sie, welche Jahreszeit Sie am liebsten mögen und warum dies so ist (z. B.: „Ich mag den Herbst am liebsten, weil die Blätter dann bunt sind."). Drehen Sie sich zu Ihrem linken Nachbarn und fragen Sie ihn, welche Jahreszeit er am liebsten mag („Welche Jahreszeit magst du am liebsten und warum?"). Dieser beantwortet die Frage und befragt anschließend seinen linken Nachbarn.

Jahreszeiten-Lotto (1/2)

Frühling

Sommer

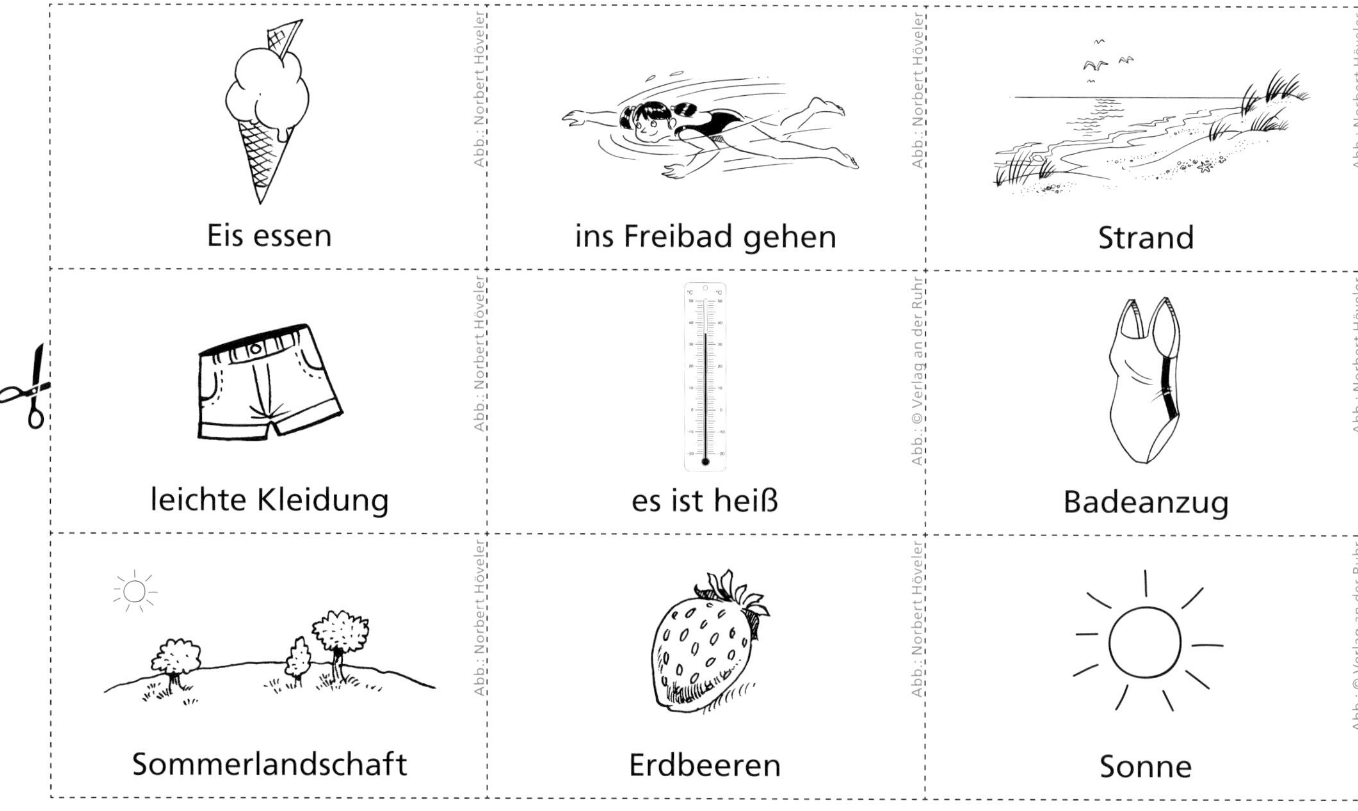

Jahreszeiten-Lotto (2/2)

Herbst

Winter

Feste feiern

Darum geht's

Im Mittelpunkt dieser Unterrichtsstunde stehen typische Feste, die es in Deutschland gibt, und wie diese gefeiert werden. Die Schüler lernen Unterschiede zu ihren Herkunftsländern kennen.

Kompetenzerwartungen

Die Schüler …
- kennen Feste, die in Deutschland gefeiert werden
- können über Feste, die sie selbst feiern, Auskunft geben
- können Informationen aus einfachen Texten entnehmen

Material

- Arbeitsblatt A „Wer feiert welches Fest?"
- Arbeitsblatt B „Mein Lieblingsfest"
- verschiedene Utensilien, die für Feste benötigt werden (z. B. 1 Geschenk, 1 Glückwunschkarte, 1 Christbaumkugel, 1 Osterei, Süßigkeiten, eine Kerze)

Vorbereitung

Kopieren Sie die Arbeitsblätter A „Wer feiert welches Fest?" und B „Mein Lieblingsfest" jeweils in Klassenstärke.
Stellen Sie die Utensilien, die für Feste benötigt werden, bereit.
Fordern Sie die Schüler vor dieser Unterrichtsstunde auf, Fotos von Familienfesten mitzubringen.

Stundenverlauf

Einstieg

ca. 15 Minuten
Treffen Sie sich mit den Schülern im Stuhlkreis. Legen Sie die Materialien, die für Feste benötigt werden, auf dem Boden als stillen Impuls aus. Lassen Sie den Schülern Zeit, sich die Materialien in Ruhe anzuschauen. Geben Sie ihnen auch die Möglichkeit, Gegenstände, die sie nicht kennen, einmal in die Hand zu nehmen und genauer zu betrachten. Besprechen Sie mit den Schülern, wozu die Utensilien in Deutschland gebraucht werden. Klären Sie die Schüler ggf. darüber auf, warum welches Fest gefeiert wird.

Erarbeitung

ca. 20 Minuten
Die Schüler bearbeiten zunächst in Einzelarbeit das Arbeitsblatt A „Wer feiert welches Fest?". Erklären Sie den Schülern dazu die Arbeitsaufgaben. Legen Sie die Utensilien, die für Feste benötigt werden, während der Erarbeitung vorn aus, sodass die Schüler sich die Materialien noch einmal anschauen und bei der Bearbeitung als Erinnerungshilfe nutzen können. Schüler, die diese Aufgabe erledigt haben, nehmen sich das Arbeitsblatt B „Mein Lieblingsfest" und schreiben auf, welches Fest sie am liebsten feiern und warum.

Abschlussphase

ca. 10 Minuten
Treffen Sie sich mit den Schülern im Stuhlkreis. Die Schüler bringen das bearbeitete Arbeitsblatt B „Mein Lieblingsfest" mit. Fordern Sie die Schüler auf, ihre Texte vorzulesen bzw., falls sie noch nicht fertig geworden sind, zu erzählen. Haben die Schüler ein Foto mitgebracht, lassen Sie sie die Fotos hochhalten, damit Schüler, die das Fest nicht kennen, sich eine bessere Vorstellung davon machen können.

A: Wer feiert welches Fest?

Aufgaben

1. Lies die Sprechblasen und schaue dir die Bilder an.

2. Verbinde die Sprechblasen mit den passenden Bildern.

Hier haben wir Karneval gefeiert. Ich habe so viele Süßigkeiten bekommen!

Das war an Weihnachten. Unser Tannenbaum war besonders schön geschmückt.

Mein 12. Geburtstag. Meine Mutter hat eine leckere Torte gebacken und ich habe eine neue Jacke bekommen.

Ich mag Ostern. Es ist immer lustig, die Schokoladeneier für meine kleinen Geschwister zu verstecken!

Torte: © Verlag an der Ruhr; alle anderen Abb.: Norbert Höveler

B: Mein Lieblingsfest

◎ Aufgabe

Welches Fest feierst du am liebsten? Beschreibe dein Foto, das du von zu Hause mitgebracht hast.

 © Verlag an der Ruhr | Nina Wilkening | ISBN 978-3-8346-3803-8 | www.verlagruhr.de

MEDIENTIPPS

Literatur

Wilkening, Nina:
30 x 45 Minuten – DaZ – B1–B2
Verlag an der Ruhr, 2018
ISBN 978-3-8346-3804-5

➪ Der Band beinhaltet jeweils 15 Stunden auf den Niveaustufen B1 und B2, sodass Sie je nach Leistungsstand Ihrer Schüler passende Stunden zu Wortschatz und Grammatik auswählen können. So halten Sie besonders motivierende und gleichzeitig zielführende DaZ-Stunden im Handumdrehen – ganz ohne große Vorkenntnisse und Vorbereitungsaufwand!

Wilkening, Nina:
DaZ lernen mit Landeskunde
Verlag an der Ruhr, 2018
ISBN 978-3-8346-2919-7

➪ Mit dieser Sammlung an Kopiervorlagen trainieren Sie mit Ihren Schülern sprachliche Probleme der Grundstufe und vermitteln dabei parallel wichtige landeskundliche Aspekte: von einfachen Regeln des Zusammenlebens über regionale Bräuche und Speisen bis hin zu deutscher Geschichte und dem politischen System.

Bartoli y Eckert, Petra:
Lektüren für DaZ-Lerner – Freundschaft
Ein Lesebuch mit kurzen Geschichten für Jugendliche
Verlag an der Ruhr, 2017
ISBN 978-3-8346-3545-7

➪ Kurze Geschichten auf dem Sprach-Niveau A2 zum Selberlesen, mit denen sich Deutschanfänger identifizieren können. – Diese Lektüre ist Lesebuch, Übungsmaterial und Integrationshilfe in einem: Alle Geschichten sind aus Sicht eingewanderter Jugendlicher geschrieben und werden ergänzt durch selbsterklärende Übungen zu Grammatik und Leseverständnis.